40년 목회 단상

목회는 사랑입니다

40년 목회 단상

목회는 사랑입니다

이흥배 목사

글샘

| 추천의 글 |

이흥배 목사님은 신학생 시절부터 지금까지 지켜본 결과, 보기 드문 하나님의 충성된 종이며, 성실한 목회자로 수많은 난관을 극복하신 분입니다. 또한 성결교단의 교육공과를 비롯하여 많은 저술활동을 하면서 오직 목양 일념으로 살아온 목회자요, 학자입니다. 금번에 40년간 목회 중에 겪은 실화와 칼럼을 묶어 많은 사람들에게 유익한 좋은 책을 출판하게 됨을 진심으로 축하합니다. 이 책은 진정한 목회의 성공이 하나님의 말씀을 바르게 가르치고 성도를 사랑함에 있음을 알고 그동안 경험한 열매의 진수를 볼 수 있습니다. 그러므로 이 책이 목회자들과 성도들에게 큰 영향을 미치는 영향력이 있을 것을 믿으며 기쁜 마음으로 두 손 모아 추천합니다.

안양성결교회 원로목사 **조병창 목사**

금번 이흥배 목사님의 저서 〈목회는 사랑입니다〉가 출판된 것을 기쁘게 생각합니다. 이 목사님은 마틴 루터에 버금가는 목회자, 학자, 전도자, 저술가이십니다. 제가 수십 년을 지켜본 바로 이 목사님은 보기 드물게 성실한 목회자, 전도자로서 매주 색소폰을 불며 노방전도를 하시는 모습은 많은 성도와 목회자들에게 귀감이 되고 있습니다. 또한 성도들을 말씀으로 양육하시는데 탁월한 은사를 가지고 계시며, 박사학위를 두 가지나 취득하시고

후학들을 가르쳐 오신 훌륭한 학자이기도 합니다. 금번 이 목사님께서 목회 40년을 맞아 관련된 다양한 에피소드와 칼럼을 묶어 한 권의 책으로 출판하게 된 것을 진심으로 축하드립니다. 이 책을 통해 많은 목회자들과 성도들이 교양과 지혜를 얻고 영적으로 풍요로움을 경험하게 되리라 믿어 의심치 않고 이 책을 기쁘게 추천하는 바입니다.

한국복음주의기독교상담협회 이사장 성결대학교 교수 **전요섭 박사**

해가 지지 않는 영국의 여왕, 천하를 호령하던 로마의 황제도 지친 마음을 위로해 줄 사람이 필요했습니다. 미완료인 꿈, 미해결인 문제, 불안정한 직업, 끝날 줄 모르는 코로나19, 사탄이 세워 둔 '피 묻은 칼'의 위협 속에서 하루 평균 29.6개의 부정적인 메시지를 받고 무감동, 무책임, 무관심, 무목적의 시대를 힘겹게 살아가는 우리를 위한 감동과 사랑의 이야기가 여기 있습니다. 목사의 지독한 방귀 폭탄에도 내색하지 않고 웃음으로 승화한 성도의 사랑, 은밀한 성도의 연약함을 덮기 위해 이불을 챙겨 강단에서 기도한 목회자의 사랑, 성경대로 명백하게 실천하는 '디아포라' 사랑, 그 모든 것 위에 하나님의 사랑 이야기로 여러분을 초대하며 기쁘게 추천합니다.

한국복음주의실천신학회 회장 성결대학교 교수 **오현철 박사**

| 책을 내며 |

두보(杜甫)는 남자는 다섯 수레의 책을 읽어야
한다(男兒須讀五車書)고 했고, 추사 김정희는 가
슴 속에 만 권의 책이 들어 있어야 글이 되고 글
씨가 된다고 했으며, 다산 정약용은 아들에게 보
낸 편지에 머릿속에 책이 5천 권 이상 들어 있어
야 세상을 제대로 뚫어 보고 지혜롭게 판단할 수
있다고 했습니다. 또한 키케로는 책은 청년에게
음식이 되고, 노인에게는 오락이 되고, 부자일 때
는 지식이 되고, 고통스러울 때는 위안이 된다고
했습니다.

책을 많이 읽는다고 모두 성공하는 것은 아니
지만 성공한 사람들은 대부분 책을 멀리한 사람
은 찾아보기 어렵습니다. 좋은 책과 글들을 읽고

묵상하며 그 동안 틈틈이 기록했던 내용들과 목회실화를 성역 40년을 맞아 책으로 내게 되었습니다. 때로는 출처를 밝히지 못하고 기록된 것들도 있음을 양해하여 주시기 바랍니다. 이 책이 독자들로 하여금 생각의 폭을 넓혀 주고, 설교나 연설, 축사, 결혼주례, 장례예식 등 여러 분야에서 두루 사용되길 소망합니다.

이 책이 나오기까지 함께 멍에를 같이 메어 준 당회원들과 동역한 교역자들과 성도들에게 감사를 드리며, 눈물로 기도해 준 아내에게도 감사의 마음을 전합니다.

2020. 6. 15.

관악산 아래 목양실에서 이흥배 목사

C·O·N·T·E·N·T·S

PART 01 | '목회생활' 가운데 일어난 일 : 단상(壇上) 단하(壇下)

001. 씨암탉 먹고, 금식하고 또 먹고 _ 18
002. 인절미와 방귀 _ 19
003. 교회를 다니느냐, 마느냐! _ 21
004. 목사님도 고추 달렸네 _ 23
005. 산부인과 의사가 되다 _ 25
006. 기도 한마디도 못 했어요 _ 27
007. 기다리면 때가 온다 _ 29
008. 하나님이 고치신다 _ 31

PART 02 | '감사학교'에서 일어난 일 : 감사와 불평

009. 못을 빼고 살자 _ 36
010. '아멘' 신앙과 '노멘' 신앙 _ 37
011. 5천 권 이상은 머리에 들어 있어야 _ 39
012. 960번 만에 _ 41
013. No 희생과 Yes 희생 _ 43
014. 가장 좋은 옥수수 _ 44

015. 가장 지키기 어려운 계명 _ 46

016. 가짜 일과 진짜 일 _ 48

017. 감각 순응을 극복하라 _ 49

018. 감사와 불평은 이웃사촌 _ 51

019. 감사와 불평은 반비례한다 _ 53

020. 감사로 사는 인생과 불평으로 사는 인생 _ 54

021. 감정 온도 _ 56

022. 감정의 갈등 _ 57

023. 감정의 균형을 이루라 _ 59

024. 강대상 종 치는 재미 _ 61

025. 거룩한 고통 _ 63

026. 거룩한 낭비 _ 64

027. 거룩한 손해 _ 66

028. 거목을 쓰러뜨린 딱정벌레 _ 67

029. 격려 _ 69

030. 고난불변의 법칙 _ 70

031. 고난을 축복의 통로로 만든 사람들 _ 72

032. 고난의 신비 _ 74

033. 고래 반응 _ 75

034. 과소평가하는 사람 vs 과대평가하는 사람 _ 77

035. 광야학교 입학 _ 82

036. 교회의 회복 _ 83

037. 구실 만들기(self-handicapping) _ 85

038. 군함 같은 교회와 유람선 같은 교회 _ 87

039. 균형과 조화의 신앙 _ 89

040. 균형의 복 _ 90

041. 그라운드 제로 _ 92

042. 금식하는 닭 _ 94

043. 기근의 때가 오고 있다 _ 96

044. 기억의 양면성 _ 97

045. 기회를 붙잡으라 _ 99

046. 길을 잃지 않는 법 _ 101

047. 깨달음은 복이다 _ 103

048. 깨져야 향기가 난다 _ 104

049. 나 하나쯤이야! _ 106

050. 나뭇가지는 감당할 수 있는 정도만 진다 _ 108

051. 나쁜 선택, 더 나쁜 선택, 가장 나쁜 선택 _ 110

052. 남자와 여자는 다르다 _ 112

053. 남편 기 살리기 _ 113

054. 남편을 팝니다 _ 115

055. 내 아버지의 뜻 _ 117

056. 내 안에 살고 있는 괴물 _ 118

057. 내가 먼저 변해야 _ 120

058. 냄새 없는 방귀 _ 121

059. 냉수 마시고 속 차리자 _ 123

060. 너무나 귀한 당신 _ 125

061. 높은 행복지수 vs 낮은 행복지수 _ 126

062. 누굴 닮아서 저럴까? _ 128

063. 늑대 잡는 칼 _ 130

PART 04 | '나쁜학교'에서 일어난 일 : 다름과 틀림

064. 다름과 틀림 _ 134

065. 다윗의 3대 실수 _ 135

066. 다윗의 길과 여로보암의 길 _ 137

067. 다윗의 진가 _ 139

068. 나이가 들수록 존경의 소통이 필요하다 _ 141

069. 당신은 지금 어떤 보험을 들었는가? _ 142

070. 당신은 하나님의 작품이다 _ 144

071. 당신의 가치는 얼마인가? _ 146

072. 당신이 쓴 책은 몇 권인가? _ 147

073. 대화 구조의 차이 _ 149

074. 대화의 등급 _ 150

075. 돈과 행복은 비례하는가? _ 152

076. 돈보다 더 귀한 것 _ 153

077. 돼지 셈법 _ 155

078. 돼지처럼 먹지 마 _ 157

079. 두 날개로 날자 _ 159

080. 두 종류의 근심 _ 160

081. 뒷담화 _ 162

082. 따뜻한 사람, 차가운 사람 _ 163

083. 똑똑한 사람, 따뜻한 사람 _ 165

084. 뚜껑이 열리다 _ 166

085. 뜻하지 않은 성공, 뜻하지 않은 실패 _ 168

086. 리빙스턴의 바닥짐 _ 170

087. 마(魔)의 11분 _ 172

088. 악어거북 입속에 머리 박기 _ 173

089. 마법의 비율 _ 175

090. 마음을 지키는 자 _ 176

091. 망하는 나라, 흥하는 나라 _ 178

092. 명의의 겸손 _ 179

093. 명참모 다윗 _ 181

094. 명품 나무, 명품 인생 _ 183

095. 모기 눈알 요리 _ 184

096. 목적 지향적 사고 _ 186

097. 미끼를 보면 수준을 알 수 있다 _ 188

098. 바다 속의 음흉한 낚시꾼 _ 189

099. 바지를 입은 여자 _ 191

100. 방패에 기름을 바르라 _ 193

PART
05 | '나침반학교'에서 일어난 일 : 가치와 속도

101. 방향은 속도보다 중요하다 _ 198

102. 배고픈 부자와 철없는 부자 _ 199

103. 백향목 같은 그리스도인 _ 201

104. 변하는 가치, 변하지 않는 가치 _ 203

105. 변하는 사람 vs 변하지 않는 사람 _ 205

106. 변화되는 사람과 변질되는 사람 _ 206

107. 웃음 보약 _ 208

108. 분을 그치고 노를 버리라 _ 210

109. 사고 전환 _ 211

110. 불평을 감사로 바꾸는 사람 _ 213

111. 불행한 소똥 집 vs 행복한 궁궐 _ 214

112. 비교 함정 _ 216

113. 빈곤의 악순환 _ 218

114. 사막화 현상 _ 220

115. 사무시대 _ 222

116. 사소한 일에 목숨을 걸지 말라 _ 223

117. 사울의 성공과 몰락 _ 225

118. 사탄의 묘수 _ 227

119. 살인방화범 현상수배 _ 228

120. 새사람증후군 _ 230

121. 성공과 실패는 당신의 선택에 달려 있다 _ 232

122. 세 종류의 편견 _ 233

123. 셀프 축복 _ 235

124. 소문의 속도 _ 237

125. 솔로몬의 3대 실책 _ 238

126. 순종 반응과 불순종 반응 _ 240

127. 숨통을 여는 바람길 _ 242

128. 심장을 감찰하는 하나님 _ 244

PART
06 | '착시학교'에서 일어난 일 : 축복과 저주

129. 악어와 사자의 싸움 _ 248

130. 열심보다 중요한 순종 _ 249

131. 열정이 목표와 만날 때 _ 251

132. 오 리를 더 가라 _ 252

133. 왜 예배시간이 길다고 불편해하는가? _ 254

134. 웃음의 파워 _ 256

135. 유목민 사고와 정착민 사고 _ 257

136. 이름값 하는 사람, 이름값 못하는 사람 _ 259

137. 있을 땐 귀한 줄 모른다 _ 260

138. 자기 감옥에서 벗어나라 _ 262

139. 자기중심적 사고와 말씀 중심적 사고 _ 264

140. 잘 사는 사람과 못 사는 사람 _ 265

141. 저 사람만 없으면 살 것 같아 _ 267

142. 기도한 대로 되면 축복(?), 기도한 대로 되지 않으면 저주(?) _ 269

143. 평안은 축복(?), 고난은 저주(?) _ 271

144. 착각은 허준도 못 고친다 _ 272

145. 착시현상 _ 274

146. 천국에도 차별 대우가 있다(?) _ 275

147. 축복의 비결 _ 277

148. 탁월한 매의 사냥술 _ 279

149. 토인비의 메기의 법칙 _ 280

150. 파리(fly)학 전공 _ 282

151. 피아노 유죄 _ 284

152. 항아리 안 개구리 _ 285

153. 화를 잘 내는 사람 _ 287

154. 화산 _ 289

155. 반드시 봄은 온다 _ 291

156. 보리밟기 _ 292

157. 언어를 보면 건강이 보인다 _ 294

158. 벤치 워머 신자 _ 295

159. 무를 뽑자 _ 297

160. 둥지 부수기 _ 299

161. 가나안 신자 _ 301

여호와는 나의 목자시니 내게 부족함이 없으리로다
그가 나를 푸른 풀밭에 누이시며 쉴 만한 물 가로 인도하시는도다
내 영혼을 소생시키시고 자기 이름을 위하여
의의 길로 인도하시는도다
- 시 23:1~3 -

'목회생활' 가운데 일어난 일

: 단상(壇上) 단하(壇下)

001. 씨암탉 먹고, 금식하고 또 먹고

시골에서 목회를 할 때, 남편도 자식도 없이 혼자 사는 할머니 J 집사님께서 새벽기도에 나와 대성통곡을 하였다. 항상 밝게 사시는 분이었기에 깜짝 놀라 그 이유를 물었더니 새벽기도에 가려고 일어났더니 갑자기 눈이 침침하고 모든 게 뿌옇게 보인다고 했다. 그래서 간절히 기도해 주고 사택에 들어와 잠시 눈을 붙였다.

약 1시간 정도 지났을 무렵에 갑자기 "전도사님, 저 J 집삽니다!"라는 말이 끝나기 전에 미닫이 방문이 확 열리면서 한쪽 발은 이미 문지방을 넘어서 있었다. 새벽에도 놀랐던 터라 또 가슴이 두근거렸다. 그런데 기도를 받고 집에 가서 손수건으로 눈을 닦았는데 핏덩이가 묻어났단다. 그 후로 눈이 밝아져 잘 보인다며 하나님이 고쳐주셨다면서 한 걸음에 다시 달려왔던 것이다. 이런 것이 목회자의 보람이요, 기쁨이다.

며칠 후에 그 J 집사님으로부터 저녁 식사 초대를 받았다. 방에 들어가 보니 밥상 위에 오리만큼 큰 씨암탉이

벌렁 드러누워 있고, 밥그릇에 밥이 무덤 봉분처럼 솟아 올라 있었다. J 집사님은 남기지 말고 맛있게 다 드시라며 밥상 옆에 앉아서 지켜보고 있었다. 열심히(?) 먹었지만 씨암탉의 두 다리와 밥그릇 위에 올라온 부분 외에는 더 이상 먹을 수가 없었다. 더 이상 먹을 수 없다고 하자 여간 서운해 하는 것이 아니었다.

그 다음날 새벽에 J 집사님이 보이지 않았다. 옆집에 사는 집사님에게 그 이유를 물었더니 어제 정성껏 준비한 것을 다 드시지 않아 서운해서 안 나왔다는 것이다. 그 말을 듣고서 점심에 다시 심방을 간다고 전해 달라고 했다. 어제 남기고 온 씨암탉을 다 해결하려고 아침을 금식(?)하고 갔다. 그날 순교를 각오하고 모두 해치우고 왔는데 그 다음날 새벽에 J 집사님이 나와서 싱긋이 웃으며 나를 바라보던 그 모습이 생생하다.

002. 인절미와 방귀 🍇

시골 목회는 경제적으로 어렵고 힘들지만 한편 재미도

많고 사랑도 많이 받는다. 나이 지긋한 K 집사님의 생일에 초대를 받았다. 그래서 농사일을 마치고 돌아온 성도들을 데리고 밤중에 그 집으로 갔다. 성도들과 함께 예배를 드리고 둘러앉아 차려 놓은 음식을 골고루 맛있게 먹었는데 그 중에 햅쌀로 만든 인절미는 별미였다. 그래서 인절미가 맛있다고 했더니 더 드시라고 너무 강권하는 바람에 그만 과식을 하게 되었다.

식사를 모두 마치고 집으로 돌아오는 길이었다. 그런데 더 먹었던 인절미가 탈이 나서 배에 가스가 꽉 차면서 화장실이 급했다. 나는 급한데 나이 드신 성도들은 밤중이라서 빨리 따라오지 못해 노상에서 큰일이 생길 것 같았다. 간신히 참고 참으며 교회 앞 오르막길에 들어섰는데 그만 주책없이 방귀가 새어 나왔다. 깜짝 놀라서 주위를 둘러보니 아무도 눈치를 못 챘는지 아무 반응이 없었다. 급히 화장실에 다녀와서 소화제를 먹고 속을 달랜 후 잠을 자고 아침에 일어났다. 그런데 어제 저녁에 먹은 인절미 때문에 배가 꺼지지 않아 아침을 건너뛰었다. 인절미를 먹어도 참으로 많이 먹었던 모양이다.

그 후, 떡을 먹을 때마다 성도들이 서로서로 쳐다보면

서 웃고 난리가 났다. 한두 번도 아니고 떡을 먹을 때마다 웃는데 나만 혼자 머쓱하게 있었다. 나중에 알고 보니 K 집사님 생일에 동행했던 심방대원들이 인절미를 먹고 올 때 오르막길에서 발사(?)되었던 내 방귀 소리를 들었다는 것이다. 그 소리를 듣고 웃음을 참느라고 죽을 뻔 했다고 한다. 떡을 먹을 때마다 그때 그 사건(?)을 자기들끼리 은 밀하게 나누며 웃었던 것이다. 건달은 주먹 한 방이 있어 야 하고, 한의사는 침 한 방이 있어야 하고, 목사는 설교 한 방이 있어야 한다고 했는데 방귀 한 방이 성도들에게 이렇게 큰 영향을 주는 줄 미처 몰랐다.

003. 교회를 다니느냐, 마느냐?

몸이 좋지 않아 두 주일을 빠진 어느 집사님을 구역장 을 데리고 심방하게 되었다. 집 앞에 도착했을 때 구역장 이 먼저 집사님을 불렀다.

"집사님, 계세유?"

"네."

"전도사님이 심방을 오셨어유."

"…."

조금 전까지 대답했던 집사님이 아무 대답이 없었다. 그런데 갑자기 '퍽' 소리가 나더니 '푸드덕푸드덕'하는 소리가 나는 것이 아닌가?

그 소리를 듣는 순간에 나이 드신 집사님이 갑자기 쓰러져 버둥대는 것 같은 생각이 들었다. 그래서 재빨리 마루에 뛰어올라가 안방 문을 확 열었다. 그런데 이게 웬 일인가? 방 안은 사람을 알아볼 수 없을 정도로 담배 연기로 자욱했다. 그런데 그 집사님은 안방 뒤쪽 쪽문을 열어 놓고 그 연기를 그곳으로 빼느라 방석으로 정신없이 부채질을 하고 있었다. 눈이 마주치는 순간 나는 그 집사님을 바로 볼 수 없었고, 그 집사님도 나를 바로 보지 못했다. 나는 그 집사님이 무안해 할까 봐 그냥 방문을 닫고 조용히 나왔다. 담임전도사가 모르던 은밀한 비밀이 탄로가 났으니 교회를 그만둘 것 같았다. 그래서 그 영혼을 위하여 이불을 들고 강단으로 올라가 추운 겨울밤을 기도로 보냈다.

그 다음날 그 집사님이 새벽기도 시간에 교회에 나온

것이 아닌가? 그 집사님을 보는 순간 천사를 본 것 같이 기뻤다. 어제 저녁에 나와 마주친 후 '교회를 다니느냐, 말아야 하느냐?'를 밤새 고민했단다. 그런데 갑자기 '집사가 이러면 안 되지.'하는 마음이 들어서 장롱 속에 넣어 두었던 담배 보루를 모두 꺼내서 아궁이에 다 집어넣어 태우고 오는 길이라고 했다. 할렐루야!

004. 목사님도 고추 달렸네

우리 성결교단의 목사 안수 자격 조건 중에 단독목회의 조항이 있었다. 그러다 보니 신학교를 졸업한 후에는 반드시 개척을 해야 한다는 생각을 했다. 우리말 속담에 '과부 사정은 과부가 안다.'라는 말처럼 개척 교회를 해 본 사람만이 개척 교회의 사정을 잘 안다. 개척 교회를 하면서 우리 아들과 딸은 고등학교를 졸업할 때까지 내가 직접 머리를 깎아 주었다. 머리를 잘 깎아서가 아니라 돈이 없어서 집에서 깎았다. 목욕탕에 갈 여력이 되지 않아서 큰 고무통을 사서 물을 덥혀 그것에 붓고 네 식구가 교대

로 그 안에 들어가 목욕을 했다. 지금의 '나'는 하나님의
은혜일 뿐 아니라 사랑하는 아내와 두 자녀가 잘 견디고
격려해 준 덕분이다.

　아들이 유치원에 다닐 때, 아들을 데리고 동네 목욕탕
에 갔다. 샤워를 한 후 탕 속으로 들어가려고 하면 아들
은 뜨겁다며 들어오지 못했다. 그래서 미지근한 물로 몸
을 덥힌 후 품에 안고 들어가서 몸의 때가 불릴 때까지 담
그고 있다가 나와 아들은 작은 손으로 내 등을 밀어 주고,
나는 아들의 몸을 닦아 주었다. 아들의 등과 몸을 열심히
밀어 주는데 아들의 유치원 친구가 나를 쳐다보더니
　"목사님도 고추 달렸네."
　"…."
　그 말을 듣는 순간 머리가 멍해서 아무 말도 할 수 없었
다. 나는 그 아이를 전혀 알지 못했었지만 그 아이는 내가
'목사'라는 것을 알고 있었다. 사실 내가 '목사'라는 사실
을 더 많은 사람이 알고 있을 것이다.

005. 산부인과 의사가 되다

모세는 유명한 산부인과에서 태어나지 않고 집에서 태어났다. 그럼에도 불구하고 그는 하나님의 은혜로 잘 성장해서 주의 귀한 일꾼이 되었다. 나는 1남 1녀를 두고 있는데 딸이 집에서 태어났지만 잘 자라서 가정을 꾸리고 잘 살고 있다.

개척 교회를 하면서 생활이 넉넉하지 못하다 보니 아내가 산부인과를 제대로 다닐 수 없었다. 그런데 다른 교회의 안수집사님이 운영하는 산부인과 병원이 교회 곁에 있었다. 아내가 진료를 받으러 갈 때마다 개척 교회의 사모라고 많은 배려를 해 주었다. 출산이 임박했는데 임대료 등을 먼저 지출하다 보니 출산 비용이 없었다. 그래서 아내에게 옛날에는 모두 집에서 아이를 낳았으니 우리도 "기도하고 집에서 낳자."라고 했더니 아내도 그렇게 하자고 했다. 그 이후 닭이 알을 낳듯 아이가 쏙 나오게 해 달라고 계속 기도했다.

당시 상가 4층에 일부를 막아 예배실로 사용하고, 한쪽에는 방을 만들어 살림을 하고 있었는데 아내가 그곳에서 해산을 하게 되었는데 내가 직접 출산하는 아이를 받았다. 8월 말 여름이었음에도 비가 보슬보슬 내리고 있었는데 한기가 돌았다. 산모를 따뜻하게 해 주려고 나가보니 주머니의 돈은 적고 물건들은 비싸서 어떻게 할 수가 없었다. 그래서 동네 고물상에서 중고 전기장판을 5천 원 주고 사다가 깔아 주고 솜이불을 덮어 주었다.

며칠 후, 집에서 출산했기 때문에 산모의 상태가 걱정되어 병원을 가야 하는데 지금까지 정성껏 보살펴 준 병원을 가자니 아이는 다른 곳에 가서 낳고 진료만 받으러 온다고 할까 봐 걱정되었다. 그래도 어쩔 수가 없어서 그 병원으로 갔다. 집에서 아이를 낳았는데 산모가 괜찮은지 봐 달라고 하자 아니나 다를까 원장님이 여간 서운해 하는 것이 아니었다. 차마 돈이 없어서 집에서 애를 낳았다고는 할 수가 없었다. 서울 한복판에서 집에서 아이를 낳았다고 하면 누가 믿겠는가? 혹시 지금이라도 그 원장님이 이 글을 읽는다면 그때 서운함을 잊고 이해해 주시지 않을까 ….

006. 기도 한마디도 못 했어요

새로운 교인이 등록했는데 철야를 밥 먹듯 하고, 한 번 기도하면 그칠 줄 모르는 사람이었다. 개척 교회의 목사에게 이와 같은 사람은 천군만마를 얻은 것과 같았다. 그런데 그가 자신은 산상철야기도를 여러 해 동안 했다고 하면서 나에게 산상철야기도를 함께 하지 않겠느냐고 물었다. 목사로서 '안 한다'고 할 수 없고, '못 한다'고 할 수 없어서 '하겠다.'고 대답했다. 그때부터 매주 토요일 저녁 9시에 모여 산에 올라가 새벽 4시까지 기도하고 내려와 잠깐 눈을 붙인 후 주일을 지켰다.

매주 토요일 밤중에 아이까지 업고 오는 집사님도 있으니 목사가 힘들어서 못 하겠다는 말을 차마 할 수가 없었다. 태풍으로 비가 많이 오는 날에 '오늘도 가느냐?'고 전화가 오면 나는 한술 더 떠서 '기도하는 사람이 이런 날에 기도하지 않으면 어떻게 하느냐?'고 오히려 큰소리를 쳤다. 태풍이 불 때도 김장 비닐 1.5미터씩 잘라 주고 우산을 쓰고 기도하라고 했다. 먼저 한곳에 모여 졸지 않도록 커피를 진하게 타서 마시고 1부 예배를 드린 후 각자 주변에 흩어져서 우산과 비닐을 쓰고 기도하도록 했다. 산 꼭대기 이곳저곳에서 번개가 치고 천둥이 산을 집어 삼킬 듯 했다. 그럴수록 우리는 더욱 부르짖어 기도했다.

밤새도록 기도를 다 마치고 산에서 내려오는데 어느 집 사님이 나에게 "목사님, 저는 밤새도록 기도를 한마디도 못 했어요."라고 하는 것이 아닌가. 무슨 말이냐고 물었더니 흩어져서 기도할 때 둘러보았더니 자기 우산 꼭지만 쇠로 되어 있고, 다른 사람들은 모두 플라스틱으로 되어 있더란다. 그래서 번개가 칠 때마다 자기 우산 위로 번개가 떨어질 것 같아서 "하나님, 제 우산만 쇠꼭지인데 살려 주세요."라고 그 기도만 밤새도록 하느라 다른 기도는 한마디도 못 했다고 했다.

그 순간에 나는 '그 집사님의 기도 때문에 우리 모두 살았구나.' 하는 생각과 함께 '목사가 미련해서 성도들을 모두 벼락 맞아 죽게 할 뻔 했구나.' 하면서 살려 주신 것을 감사했다. 지나고 나니 산상철야기도를 시작한지 16년이란 세월이 흘렀다. 기도가 필요할 때 기도의 동역자를 주심에 감사할 뿐이다.

007. 기다리면 때가 온다

교회의 강단이 너무 높아서 앞자리에 앉아 있으면 목이 아플 정도였다. 그래서 강단을 낮추면 좋겠다는 안건을 당회에 제시했더니 모두 좋다고 했다. 그런데 '멀쩡한 강단을 왜 낮추려고 하느냐'며 교인들 사이에 소동이 생겼다. 그래서 조금 있다가 하자고 했다. 그 후에 또 강단을 낮추자는 의견이 있어서 다시 진행하려고 했더니 이번에는 '전임 목사님의 흔적을 없애려고 한다.'며 또 소동이 생겼다. 강단이 높든지 낮든지 설교하는 데는 아무 문제가 없으니 서두르지 말고 기도만 하자고 했다. 그런데 구청에서 교회는 다중이용시설이기에 방염시설을 의무적으로 해야 한다는 공문과 함께 만약 시행하지 않을 경우에 1차, 2차에 걸쳐 과태료를 부과한다고 했다. 그래서 그 사실을 공표했더니 한 사람의 반대도 없었다. 공사를 시작했는데 강단도 낮추고, 천장도 바꾸고, 벽도 바꾸고, 바닥도 바꾸게 되었다. 강단만 낮출 수 있도록 기도했는데 때가 되니 하나님은 더 많은 것을 더 좋게 바꾸도록 해 주셨다.

우리 교회 마당 옆에 무너진 집 한 채가 있었는데 각종 쓰레기가 가득하고 악취가 났다. 십여 년 동안 강남 땅값(?)을 주면 교회에 팔겠다고 했던 집이었다. 교회가 반드시 필요한 곳이었지만 그것을 살만한 여력이 없었기에 기도만 하자고 했다. 그런데 그 집 주인이 금년에 매입한다면 싸게 팔고 모든 편의를 제공하겠다고 했다. 계약을 마친 후에 그 집 주인이 "목사님, 다 때가 있나 봅니다."라고 하면서 그다음 해 1월부터 1가구 2주택 중과세가 시행되는데 급하게 돈이 필요해서 진행하게 되었다고 했다. 우리는 아무것도 모르고 있었지만 기도만 하면 때가 되면 하나님께서 이루신다.

　또, 교회 옆에 사는 다른 사람이 자기 집을 사달라고 내용증명을 보내왔다. 그 집도 우리 교회가 필요한 집이었는데 비싸게 요구해서 기도만 하고 있었다. 그런데 교회가 자기 집을 사 주지 않아서 손해를 많이 보고 있다면서 자기 집을 사라고 두 번씩이나 내용증명을 보내왔다. 그래서 그 집도 적정한 가격에 사게 되었고, 현재의 교육관(드림센터)을 건축할 수 있는 터전이 되었다. 그렇다. 우리가 기도하면 때가 되면 하나님은 이루신다.

008. 하나님이 고치신다

P 권사님은 심방을 가기 전까지 며느리와 함께 산다는 말을 하지 않았다. 그 이유를 물었더니 금방 죽을 거라서 말을 하지 않았다고 했다. 옆집 아저씨는 한술 더 떠서 그 사람이 살아나면 온 동네 사람들이 다 교회에 나올 것이라고 했다. 그런데 그 며느리가 한 달 만에 자기 발로 걸어서 교회에 나왔다.

S 집사님은 손가락을 다쳐서 병원에 갔다가 손가락을 치료하고, 머리에 났던 종기를 진찰해 달라고 하여 조직 검사를 했는데 전 세계에서 두 명밖에 없는 희귀 암이라고 했다. 그럼에도 불구하고 기도했더니 치료받고 회복되어 자기 발로 교회에 나와서 지금 권사님이 되었다.

J 집사님은 어느 주일에 자신이 전도해 온 새신자와 함께 목양실에서 상담을 한 후 사진을 찍고 차를 마시던 중에 갑자기 할 말이 있다고 하더니 3년 동안 갑상선 약을 먹었는데 기도를 받고 나았다고 했다.

S 권사님은 언 생선을 다듬다가 왼손 둘째 손가락 피부를 다쳤다. 피부가 붙으면 다행이지만 더운 여름이라서 안 붙고 썩게 되면 이식수술을 해야 한다고 했단다. 그런데 기도했더니 이식수술을 하지 않았음에도 지금까지 멀쩡하다.

　P 집사님의 딸이 아침에 생선을 먹다가 생선가시가 목에 걸렸다고 했다. 병원에 갔더니 더 큰 병원으로 가라고 하여 기도해 줄 수 있는 상황이 아니라서 문자로 기도해 주었다. 몇 시간 후에 연락이 오기를 큰 병원에 도착하여 엑스레이를 찍었는데 가시가 없어졌다고 했다. 할렐루야!

　다른 P 집사님은 나팔관 수술로 한쪽을 제거하였고, 나머지 한쪽도 온전하지 못해 아이를 낳기 힘들다고 하였으나 기도 후 두 아들을 낳아 지금도 잘 크고 있다.

　S 집사는 병원에서 폐암 말기로 1년 이상 살 수 없다고 했다. 새벽에 기도해 주었다. 병원에 가서 검사를 했는데 의사가 너무 좋아졌다며 축하한다고 했다. 그래서 그다음 주일에 전 교인에게 떡을 대접하고 교인들의 축하를

받았다.

　L 안수집사님은 예배 전에 손목이 아프다며 기도를 부탁하여 기도해 주었다. 이틀 후 그의 아내 권사님이 말하기를 밤에도 아프다고 하지 않고, 일하는 데도 전혀 아프지 않았다고 한다고 전해왔다. 한번은 제대로 걸을 수가 없다며 작업복 차림으로 현장에서 교회로 달려왔다. 그때 지방회 행사가 있었는데 그것이 다 끝날 때까지 기다리고 있기에 기도해 주었다. 그는 기도를 받고서 집으로 가는데 괜찮아져서 진짜 괜찮아진 것이 맞는가 해서 집까지 뛰어갔는데 괜찮았다고 했다.

　K 권사님은 3부 예배 전에 아들과 함께 목양실에 왔는데 그 아들이 한숨을 푹 쉬었다. 그 이유는 신장에 결석이 여러 개가 있는데 병원에 가서 다시 검진한 후 시술을 해야 한다고 했다. 그래서 신장 결석이 없어지라고 기도해 주었는데 검사 결과 신장의 결석이 하나도 없이 다 사라졌다는 연락이 왔다. 그 권사님은 그다음 주일에 수술비를 헌금했다. 할렐루야!

내가 사망의 음침한 골짜기로 다닐지라도
해를 두려워하지 않을 것은 주께서 나와 함께 하심이라
주의 지팡이와 막대기가 나를 안위하시나이다

- 시 23:4 -

‘감사학교’에서 일어난 일

: 감사와 불평

009. 못을 빼고 살자 🍇

　문장수의 〈나는 얼마?!〉라는 책에 "우리의 가슴에는 누구나 대못이 박혀 있습니다. 슬픈 일이지만 대못을 가장 많이 박은 사람은 부모님과 배우자이며, 형제와 친구 그리고 선생님입니다. 이제 나는 그 대못을 빼야 합니다. 그래서 지금보다 더 건강하게 살아야합니다. 물론 못 박은 사람이 직접 빼 주면 더 좋겠지만, 나 스스로 빼 버리는 것이 가장 훌륭한 일이지요. 못 빼는 순서는 물론 빼기 쉬운 것부터입니다."라는 '가슴에 박힌 못을 스스로 빼라'는 글이 있다.

　사람들은 마음에 수없이 많은 못이 박힌 채 살아간다. 마음에만 못이 박혀 있는 것이 아니라 생각에도 못이 박혀 있다. '합니다.'와 '못 합니다.'는 글자 하나 차이인데 '못 합니다.'에서 '못'자 하나만 빼면 '합니다.'가 되고, '난 못해.'에서 '못'만 빼면 '난 해.'가 되고, '못 살겠다.'에서 '못'을 빼면 '살겠다.'가 된다.

　"귀신 들려 말 못하는 사람을 예수께 데려오니 귀신이

쫓겨나고 말 못하는 사람이 말하거늘"(마 9:32-33)이라고 했다. 말 '못'하는 사람이 예수님을 만나 '못'이 빠져 '말을 하는 사람'이 되었다. 마음에 '못'을 빼면 상처는 치유되고 아픔이 사라지고, 생각에 '못'을 빼면 부정적인 사람이 긍정적인 사람이 되고, '못'을 빼면 무기력한 자가 능력 있는 자가 된다. 누구든지 예수님을 만나면 새로운 피조물로 변한다.

윌리엄 제임스는 '생각이 바뀌면 행동이 바뀌고, 행동이 바뀌면 습관이 바뀌고, 습관이 바뀌면 인격이 바뀌고, 인격이 바뀌면 운명까지도 바뀐다.'고 했다.

010. '아멘' 신앙과 '노멘' 신앙

'아멘'과 '할렐루야'는 기독교인들만 사용하는 특수한 용어이다. 이 단어는 기독교인들의 세계 만국 공통어로 어느 곳에 가든지 다 통한다. 신학자 제롬은 초대 교회 성도들의 '아멘' 소리가 너무 커서 마치 바다의 파도 소리와 우레 소리와 같았다고 했다. 은혜를 받으면 받을수록 아멘이 많아지고, 그 소리가 커진다. 부흥하는 교회의 특징을 조사했더니 기도하는 소리가 크고, 찬송하는 소리가 크고, 아멘 하는 소리가 컸다고 한다.

사도 바울은 문제가 많았던 고린도 교회를 방문하여 그들을 가르치고 예루살렘 교회를 지원하는 헌금을 받아서 전달하고자 계획을 했었는데 그 계획대로 되지 않았다. 그때 고린도 교인들은 그를 신뢰할 수 없다며 그에게 구제헌금을 맡길 수 있겠느냐 의문을 제기하기도 했다. 이때 바울은 자신과 실라와 디모데도 '예' 하고 '아니라' 함이 없었다고 했다. 그는 예수님께서도 하나님의 말씀에 '예' 하고 '아니라' 함이 없었다고 했다. 또한 하나님의 약속도 하나님을 사랑하는 자들에게 모든 것이 합력하여 선을 이루게 하시기에 모두 '예'만 된다고 했다. 그러므로 '아멘' 하여 '예'로 응답하는 것은 하나님께 영광이 된다고 가르쳐 주었다(고후 1:15-20). '아멘'은 '진실로'라는 뜻으로 몇 가지 의미를 지니고 있다. 먼저 '그대로 믿다', '그렇게 되기를 소원하다', '동의하다'이다.

그리스도인은 성경을 읽을 때 '아멘'하고, 기도를 마칠 때 '아멘'하고, 찬양대의 찬양이 끝날 때 '아멘'하고, 설교를 듣고 '아멘' 한다. '아멘'이 풍성해지면 심령이 부요해지고, '노멘(No 아멘)'이 풍성해지면 심령이 메말라진다.

아멘에는 첫째, 입술로 하는 아멘이 있고, 둘째는 마음으로 하는 아멘이 있고, 셋째는 행동으로 하는 아멘이 있다. 입술의 아멘이 행동으로까지 이어져야 한다.

011. 5천 권 이상은 머리에 들어 있어야

미국 보스톤 출신의 벤 카슨은 어릴 적에 이혼한 어머니 슬하에서 공부를 제대로 하지 못해 멍청이라는 말을 들었었다. 그러나 그는 세계적인 명성을 지닌 존스 홉킨스 병원의 의사가 되어 세계 최초로 몸의 일부가 붙은 샴쌍둥이 분리 수술에 성공했다. 그는 자신이 쓴 〈벤 카슨의 싱크빅 (THINK BIG, 크게 생각하라)〉에서 꿈과 비전과 지혜에 대한 탁월한 메시지를 전달하고 있다. 그는 간단한 원리, 'THINK BIG'을 제시하고 있다. 여기서 'T'는

'Talent'(재능), 'H'는 'Honest'(정직), 'I'는 'Insight'(통찰), 'N'는 'Nice'(친절), 'K'는 'Knowledge'(지식)이라고 했다. 'B'는 'Book'(책), 'I'는 'In-Depth Study'(심화학습), 'G'는 'God'(하나님)이라고 했다. 그는 그의 책에서 독서의 중요성과 하나님에 대한 신앙을 강조하고 있다.

교보문고 창업주 신용호는 사람은 책을 만들고 책은 사람을 만든다고 했다. 철학자 데카르트는 좋은 책을 읽는 것은 몇 세기의 훌륭한 사람들과 이야기를 나누는 것과 같다고 했다. 또한 조선 실학자인 다산 정약용도 소매가 길어야 춤을 잘 추고, 돈이 많아야 장사를 잘하듯 머릿속에 책이 5천 권 이상 들어 있어야 세상을 제대로 뚫어보고 지혜롭게 판단할 수 있다고 했다.

일반 서적을 읽어도 유익함이 많거늘 하물며 하나님의 말씀을 읽는 자는 복이 있다(계 1:3). 나라를 다스리는 왕도 성경을 자기 옆에 두고 읽으라고 했다(신 17:18-19). 가나안 정복을 앞에 두었던 여호수아에게 "이 율법책을 네 입에서 떠나지 말게 하며 주야로 그것을 묵상하여 그 안에 기록된 대로 다 지켜 행하라 그리하면 네 길이 평탄하게 될 것이며 네가 형통하리라"(수 1:8)고 했다. 하나님의 말씀은 발 앞에 등이요, 가는 길에 빛이 되기 때문이다 (시 119:105).

012. 960번 만에

운전면허를 따는 데 약 960만 원이 들었고, 시간은 5년이 걸렸다. 횟수로는 959번을 실패하고 960번째에 합격하여 운전면허를 취득하였다. 이는 전북 완주에 사는 어느 할머니의 이야기로 2005년 4월(64세)부터 운전면허 시험에 도전하여 2010년 4월(69세)에 운전면허를 취득한 것이 매스컴에 보도되었다. 이 할머니는 이제 운전면허를 땄으니 차를 사는 게 순서라고 하였는데 공교롭게도 할머니의 이름은 '차사순'이었다. 차 할머니는 혼자 사는 게 적적하여 여기저기 놀러 다니고, 음식을 만들어 자식들 집에도 자유롭게 가져다주기 위하여 운전면허를 따고자 하였다. 차 할머니는 목적이 분명하였으며, 그 목표가 확실하였기에 일천 번에 가까운 도전 끝에 운전면허를 얻을 수 있었다.

목적(goal)은 달성하고자 하는 본질적인 이유를 말하고, 목표(objective)는 달성하고자 하는 구체적인 결과를 말한다. 부자로 살겠다는 것은 목적이고, 1년에 천만 원씩 저축하겠다는 것은 목표에 해당한다. 건강하게 살겠다는 것은 목적이고, 하루 1시간 이상 운동을 하겠다는 것은 목표에 해당한다. 성공하겠다는 것은 목적이고, 매일 1권의 책을 읽겠다는 것은 목표에 해당한다.

사도 바울은 "푯대를 향하여 그리스도 예수 안에서 하나님이 위에서 부르신 부름의 상을 위하여 달려가노라"(빌 3:14)고 하였다. '푯대(the goal)'는 그의 목표요, '부름의 상을 얻겠다.(to win the prize for which God has called me)'는 것은 목적이었다. 목표 없이 목적만 갖고 있으면 실패하기 쉽고, 목적 없이 목표만 있으면 중도에 포기하기 쉽다. 성도들이 신앙생활을 잘하고 싶다는 목적이 있을지라도 어떻게 하겠다는 목표가 없으면 좋은 결과를 기대하기 어렵다.

013. No 희생과 Yes 희생

한 부잣집에 결혼식이 있어서 잔치 준비를 하게 되었다. 집주인은 그 집에 있는 동물들을 불러 맛있는 음식을 만들어 잔치를 하려고 하는데 어떠한지를 물었다. 그러자 모든 동물들은 대찬성을 했다. 집주인은 송아지를 잡아서 잔치를 하면 좋겠다고 하자 송아지가 "저는 주인님을 위해서 새끼를 낳고 농사도 짓고 수레도 끌어야 하므로 저 대신 양을 잡는 게 좋겠습니다."라며 거절했다. 그러자 양은 "제가 좋은 털을 내어 주인님을 따뜻하게 하기에 저 대신 거위를 잡는 게 좋겠습니다."라며 거절했다. 이에 거위는 펄펄 뛰면서 "저는 지금까지 주인님을 위해서 큼직한 알을 낳아 큰 도움을 드렸습니다."라며 거절했다. 모든 동물들이 잔치를 여는 것은 환영했지만 그 누구도 희생하려고 하지 않았다.

어느 랍비가 중병이 들었을 때 회당 사람들이 회복을 위해 기도했다. 천사가 와서 자신들의 생명을 주는 만큼 랍비의 생명을 연장해 준다고 하자 30분, 1시간, 10일, … 6개월을 드린다고 했다. 그런데 어떤 남자가 자기는

10년을 드린다고 했다. 모두 놀라서 그를 쳐다보자 그는 멋쩍은 듯이 "내 아내의 생명에서요."라고 했다.

대부분의 사람들은 자신이 희생하는 것은 거부하고, 다른 사람이 희생하라고 강요하기 쉽다. 그리스도인은 자기를 부인하고 자기 십자가를 지는 자이다. 보상 있는 희생은 쉽다. 그러나 보상을 바라지 않는 희생은 어렵다. 'No Cross, No Crown'(십자가 없이는 영광도 없다.)란 서양 격언이 있다. 그렇다. 십자가는 영광으로 가는 디딤돌이다.

014. 가장 좋은 옥수수

한 인디언 추장이 사위를 맞이하려고 마을에 광고를 하였을 때 많은 남자들이 지원했다. 그 추장은 그들을 옥수수 밭으로 데려가서 가장 좋은 옥수수를 가장 먼저 따오는 사람을 사위로 맞아들이겠다고 했다. 그런데 한 가지 조건이 있었는데 그것은 한 번 밭고랑에 들어서면 오로지 앞으로만 가면서 옥수수를 따도록 했다. 그들은 일제히 옥수수 밭으로 들어가 달리기 시작했다. 그들은 옥수수 밭의 끝에 도착하였음에도 불구하고 빈손이었다. 그 이유는 눈앞에 있는 옥수수를 따려니 지나쳤던 것이 더 컸기에 다음에 더 좋은 것이 있을 것으로 생각하고 나가다 보니 옥수수를 딸 수 없었다.

맞선을 많이 본 사람일수록 결혼하기 힘들다고 한다. 그 이유는 지금 만나고 있는 사람보다 전에 만났던 사람이 더 낫다는 생각과 후에 이 사람보다 더 좋은 사람을 만날 수 있을지 모른다는 생각 때문에 결정하기 어렵기 때문이라고 한다. '남의 떡이 더 크다.', 혹은 '놓친 고기가 더 크다.'는 속담처럼 내 것보다 남의 것이 더 좋게 여기는 심리와 현재보다 과거를 더 좋게 해석하는 심리 때문이다.

이스라엘 백성들도 광야에 있을 때 차라리 애굽에서 종노릇 하는 것이 더 낫겠다며 불평을 쏟아내었다. 인생은 과거로 돌아가지 못하고 오로지 미래를 향해서만 간다. 바울은 고린도 교인들을 향하여 "어떤 사람들이 원망하다가 멸망시키는 자에게 멸망하였나니 너희는 그들과 같이 원망하지 말라 그들에게 일어난 이런 일은 본보기가 되고 또한 말세를 만난 우리를 깨우치기 위하여 기록되었느니라"(고전 10:10-11)고 하였다. 그러므로 우리 성도들은 과거를 생각하고 불평하기 보다는 지난 과거에 베풀어 주신 하나님의 은혜에 감사하고, 미래에 더 크고 놀라운 은혜를 베푸실 것을 바라보며 살아야 한다.

015. 가장 지키기 어려운 계명

"원수를 갚지 말며 동포를 원망하지 말며 네 이웃 사랑하기를 네 자신과 같이 사랑하라 나는 여호와이니라"(레 19:18). 이 말씀은 유대인들이 가장 지키기 힘든 율법 중 하나로 여긴다. 그들은 '이웃을 자신처럼 사랑하라'는 말씀 앞에 '원수를 갚지 말며 동포를 원망하지 말라'는 말씀이 먼저 언급되었기 때문이다.

랍비들은 이 말씀을 보다 구체적으로 설명한다. A가 B

에게 도끼를 빌려 달라고 하는데 B가 이 요청을 거절하였다. 다음날 이번엔 B가 A에게 외투를 빌려 달라고 하였다. 이때 만일 A가 '자, 여기 있네. 나는 도끼를 빌려주지 않으려는 자네와 다르네.' 라면서 외투를 빌려준다면 랍비는 A가 원한을 품고 있는 것이라고 가르친다. 이와 같은 원망하는 마음이 없이 이 계명을 실천하여 외투를 빌려준다면 분명 B는 욕을 먹거나 창피당하는 일도 없기에 덕을 보게 된다. B라는 사람과 그의 행동에 초점을 맞추면 이 계명을 실천할 수 없다. 그러나 그들은 모든 것을 아시고 갚아 주시는 하나님에게 초점을 맞추어 행해야 한다고 한다.

중독치료 전문가인 아브라함 트워스키 박사는 중독자들이 회복 중에 실패하는 이유는 분노와 원한을 억누르지 못하기 때문이라고 하였다. 마음에 분노와 원한의 숯불을 갖고서 어찌 그 심령이 온전하겠는가? 예수 그리스도를 알지 못하는 유대인들조차도 이와 같이 행하거늘 하물며 그리스도를 믿음으로 사는 우리들이 그보다 못하면 되겠는가?

016. 가짜 일과 진짜 일

요나는 큰 물고기에서 나온 후 니느웨로 가서 '40일 후에 성이 무너지리라'고 노방전도를 했다. 니느웨는 사흘 길이나 되는 큰 성읍이었다. 니느웨는 앗수르의 수도로서 성의 둘레가 약 96킬로미터, 성벽의 두께가 15미터나 되기도 했고, 성에 1,500개 이상의 탑들이 있었다. 아이들이 12만이었다고 했는데 성경학자들은 고대 인구분포를 볼 때 전체 인구는 아이들의 5배로서 약 60만 정도였다고 한다. 하지만 그는 하룻길을 다니며 40일 후에 성이 무너지리라고 외쳤다. 요나의 전도는 건성으로 한 일이었다.

브렌트 피터슨과 게일런 닐슨이 쓴 〈가짜 일 vs 진짜 일〉에 보면 사람들을 보면 가짜 일을 하면서도 진짜 일하는 것처럼 보이는 경우가 많다고 한다. 그들의 연구 조사결과에 따르면 회사 직원들의 56%는 회사의 중요한 목표를 파악하고 있지 못하며, 73%는 회사의 목표와 자신들의 구체적인 업무가 잘 맞지 않는다고 생각하며, 가짜 일이 시간과 자원을 낭비하고 있다고 한다. 의미 없는 서류 작업, 시간만 낭비하는 미팅들, 알맹이 없는 교육 계획과 같은 가짜 일을 진짜 일로 착각한다고 했다.

회사에서만 가짜 일과 진짜 일이 있는 것이 아니라 신앙생활에서도 '알곡과 쭉정이', '곡식과 가라지', '양과 염소'처럼 진짜와 가짜가 있다. '진짜 예배와 가짜 예배', '진짜 전도와 가짜 전도', '진짜 헌신과 가짜 헌신', '진짜 기도와 가짜 기도', '진짜 금식과 가짜 금식', '진짜 경건과 가짜 경건' 등 헤아릴 수 없이 많이 있을 정도다. 자신도 모르는 '진짜와 가짜'가 있고, 다른 사람도 눈치 못 채는 '진짜와 가짜'가 있다. 그러나 하나님은 모든 것을 알고 계신다. 당신은 지금 진짜로 주의 일을 하는가? 아니면 가짜로 주의 일을 하는가?

017. 감각 순응을 극복하라

옛날 시골의 재래식 화장실에 가면 코를 들 수 없을 정도로 고약한 냄새가 났다. 그런데 조금 시간이 지나면 냄새가 다 빠져나간 것처럼 냄새를 의식하지 못하게 되는데 이는 후각이 마비되었기 때문이다.

  방탕한 일을 한두 번 할 때는 떨리고, 두렵고, 불안하고, 괴롭지만 반복해서 하게 되면 그러한 마음이 사라진다. 생명의 위협을 주는 위험한 상황에 오랜 시간 혹은 빈번히 노출되다 보면 그것을 위험이나 위협으로 느끼지 못하고 둔감해진다. 이와 같이 사람은 좋은 환경이거나 나쁜 환경이거나 반복적으로 노출되면 점차 그 환경에 따라 자신이 변하면서 자연스럽게 순응 또는 적응하게 된다. 그래서 변화 이전과 이후의 차이를 느끼지 못하도록 점차 무뎌지는데 이를 '감각 순응'(sensory adaptation)이라고 한다.

  늙은 이삭은 야곱이 별미를 가지고 왔을 때 그를 만져 보았는데 감각이 둔하여져서 털이 있으므로 분별하지 못하고 에서인 줄 알고 축복했다(창 27:23). "사람이 나를 때려도 나는 아프지 아니하고 나를 상하게 하여도 내게 감각이 없도다 내가 언제나 깰까 다시 술을 찾겠다"(잠 23:35)라는 말씀처럼 술은 사람을 무뎌지게 한다. 육체적 감각만 무뎌지는 것이 아니라 영적 판단력도 무뎌진다. 롯은 소돔과 고모라에 살다 보니 영적 감각뿐만 아니라 윤리의식도 무뎌졌다. 양심이 화인 맞거나 마음이 완악해지면 보아도 알지 못하고, 들어도 깨닫지 못한다(딤전 4:2, 행 28:25-28). 심령이 강퍅하여 영적으로 무뎌지지 않도록 하는 자가 복 있는 성도이다.

018. 감사와 불평은 이웃사촌

출애굽기 15장 전반부에서는 홍해를 건넌 이스라엘 백성들은 감사와 찬송으로 충만한 반면 후반부에서는 마라에서 원망과 불평으로 가득했다. 홍해를 건너는 기적을 체험했으면서도 3일도 못되어 불평했다. 불신자들만 불평하는 것이 아니라 하나님을 믿고 따른 사람들도 불평했다. 여기서 우리는 감사하는 사람이 따로 있고, 원망하는 사람이 따로 있는 것이 아니라는 것을 알 수 있다.

성지탐방연구 기간 중에 가이드를 통해 들은 이야기다. 성지순례팀을 인솔하던 중에 비가 오고 추워서 제대로 일정을 소화하기 어렵게 되자 두꺼운 옷을 준비하라고 미리 말해 주지 않았다며 불평이 많았다고 한다. 그래서 그다음 팀에게는 미리 우산과 두꺼운 옷을 준비해 오라고 했는데 날씨가 너무 좋아서 우산을 쓸 일이 없고, 두꺼운 옷을 입을 일이 없게 되었더니 필요 없는 우산과 두꺼운 옷을 갖고 다니게 만들었다며 불평이 하늘을 찔렀다는 것이다.

서양 속담에 행복은 언제나 감사의 문으로 들어와서 불평의 문으로 나간다는 말이 있다. 노르웨이 속담에는 항상 기뻐하며 감사하는 마음에는 사탄이 원망과 불평의 씨앗을 뿌릴 수 없다고 한다. 인도 속담에는 왜 호랑이를 만들었냐고 신께 불평하지 말고, 호랑이에게 날개를 달지 않은 것에 감사하라고 한다. 성경은 우리에게 "범사에 감사하라 이것이 그리스도 예수 안에서 너희를 향하신 하나님의 뜻이니라"(살전 5:18)고 했다. 하나님은 범사에 감사하는 자를 사랑하고, 범사에 불평하는 자를 미워하신다.

019. 감사와 불평은 반비례한다

　어느 날 집에 들어갔더니 속초에서 닭강정이 택배로 와 있었다. 아내가 같은 빌라에 사는 주민에게 친절하게 했더니 그 답례로 보내온 것이었다. 나는 속으로 서울에도 맛있는 것이 많은데 왜 먼 속초에서 이것을 보냈을까 하는 생각을 했다. 보내 준 분에게 감사의 인사를 하고 포장을 열고 닭강정을 먹었는데 너무 맛이 좋아서 다시 고맙다는 인사를 했다. 그랬더니 보내 준 사람이 더 고맙다는 것이었다. 보내 준 사람과 받은 사람 모두 고맙다는 마음으로 행복했다. 이것이 감사의 원리이다.

　하나님은 이스라엘 백성들이 광야에 있을 때 만나를 매일 아침에 보내 주셨고, 저녁에는 메추라기를 보내 주셨다(출 16:12-13). 이스라엘 백성들은 날마다 거저 보내 준 만나와 메추라기를 먹으면서 감사를 잃어 가고, 당연한 일로 여기다가 마침내 불평하게 되었다. 하나님께 대한 감사가 마음에서 무뎌지거나 입에서 사라지는 것은 믿음이 사라지고 불신앙이 생기는 증거이다.

우리는 어떠한가? 우리가 아침에 눈을 뜨면 '하루'라는 선물이 배달되어 있다. 그 상자를 열면 하루 분량의 시간과 마음껏 마실 수 있는 공기와 움직여 섬길 수 있는 건강이 들어있다. 매일 받으니 당연한 것으로 여길 뿐 아니라 누가 보낸 것인지에 관심도 없고, 그것에 대한 감사도 하지 않을 수도 있다. 초자연적인 기적으로 홍해를 건넜던 이스라엘 백성들조차 감사를 잃어버리고 불평했었다면 하물며 오늘날의 우리들은 더 말할 게 없다. 감사하면 불평이 사라지고, 불평하면 감사가 사라진다. 감사와 불평은 반비례한다.

020. 감사로 사는 인생과 불평으로 사는 인생

유명한 형사소송 변호사였던 사무엘 라이보비츠는 전기의자에 앉아 사형을 당할 사람을 무려 78명이나 구해주었는데 아무도 감사하지 않았다고 한다. 미국의 강철왕 앤드류 카네기는 친척에게 100만 달러를 주었다. 그런데 그 친척은 카네기가 자선단체에 365억 달러를 기부한 반면 자기에게는 100만 달러밖에 주지 않았다며 욕을 했다고 한다.

이스라엘 백성들은 광야에서 하나님께서 거저 주신 만나를 먹고 살게 되었는데 왜 만나만 주느냐고 불평했다.

우리 교회에서 '불평제로 팔찌'를 차고 '불평 없이 살아보기' 운동을 한 적이 있다. 그런데 왜 불편한 일을 하라고 하느냐며 불평하는 사람이 있었다. 기름 값이 비싸다고 불평하는 것은 자동차를 가지고 있다는 것이다. 출근길에 교통 체증이 짜증나는 것은 일할 수 있는 직장이 있다는 것이다. 내야 할 세금이 많다는 것은 가진 것이 많다는 것이다. 아내의 바가지 긁는 소리 때문에 못 살겠다고 한다는 것은 아직 아내가 있다는 것이다. 아침에 울려대는 알람소리가 시끄럽다면 죽지 않고 아직 살아 있다는 것이다.

불평하며 사는 것이 습관이 된 사람은 감사하는 일이 어렵고, 감사하며 사는 것이 습관이 된 사람이 불평하는 일이 어색하다. 마귀는 불평의 씨앗을 끊임없이 뿌리고 다닌다. 〈행복론〉을 쓴 힐티는 감사하는 사람은 젊어진다고 했고, 마틴 루터는 마귀의 세계는 감사가 없다고 했다.

범사에 감사하며 행복하게 사는 것이 하나님의 뜻이다(살전 5:18)

021. 감정 온도

　체온이 정상 범위(36.5℃) 이상으로 상승하는 고열은 신경 및 조직 그리고 장기(臟器)의 손상을 초래하여 생명을 위험하게 할 수도 있다. 반면에 감정도 부글부글 끓어올라서 감정 온도가 상승하기도 한다. 화가 치밀어 오르면 생각하지도 않았던 말이나 행동을 하게 만드는 강렬한 부정적 감정을 불러오고, 부정적 감정은 시야를 좁게 하는 '터널 비전'(tunnel vision) 효과를 초래하고, 행동통제력을 상실하게 만들기도 한다. 신체의 온도가 상승하는 것만 위험한 것이 아니라 감정 온도의 상승도 매우 위험하다. 육체의 온도는 온도계로 쉽게 측정할 수 있지만 감정 온도는 그것으로 잴 수 없다.

　하버드대학교의 다니엘 샤피로와 로저 피셔는 감정 온

도를 세 가지 곧 통제 불가능, 위험, 관리 가능 단계로 분류했다. '통제 불가능'은 하지 말아야 할 말이나 행동을 하는 단계로 비등점을 넘어선 단계요, '위험'은 펄펄 끓기 직전의 너무 뜨거워서 안전하지 못한 단계요, '관리 가능'은 자기 감정 상태를 인식하고 있으며 통제 중에 있는 단계라고 했다. 통제 불가능한 감정이나 위험한 감정을 진정시키지 않으면 대부분은 후회할 일을 저지르게 된다. 이와 같은 경우에 차분하게 마음을 가라앉힐 필요가 있다. 아리스토텔레스는 화를 내는 것은 쉬운 일이지만 적합한 사람에게, 적합한 정도로, 적합한 시간에, 적합한 목표로 화를 내는 것은 쉬운 일이 아니라고 했다.

"해가 지기 전에 분을 풀라"(엡 4:26)는 주님의 가르침대로 감정 온도를 낮추어 후회할 것 없는 건강한 생활을 해야 한다.

022. 감정의 갈등

암 투병을 하던 부모님이 돌아가시면 한편으로 슬프기

도 하지만 또 한편으로는 안도감이 든다. 어르신들은 자식들을 생각하면 빨리 죽고 싶고, 자신을 생각하면 좋은 세상 더 살고 싶은 마음이 있다. 사위가 앞치마를 두르고 딸을 도와주는 것을 보면 '사위 잘 얻었구나.'하고 흐뭇한 반면 아들이 앞치마를 두르고 며느리를 도와주는 것을 보면 '저런 못난 놈.'하고 기분이 상하기도 한다. 맛있는 음식을 먹게 되면 흡족한 마음이 들기도 하지만 살이 찔까 봐 걱정이 되기도 한다. 배경이 좋아서 군대 안 간 사람을 보면 분노하면서도 자기도 그런 배경이 있었으면 하고 부러워하기도 한다. 이것을 전문적인 용어로 '양가감정' (ambivalence)이라고 한다.

'양가감정'은 '동일 대상에 대해 상반된 행동, 의견, 감정이 공존하는 상태'를 말한다. 그리스도인들도 양가감정에서 예외가 아니다. 위대한 사도 바울도 원하는 선을 행하지 아니하고 원하지 않는 악을 행하게 되므로 양가감정으로 고민했다. 예수님께서도 십자가를 앞에 두고 "내 아버지여 만일 할 만하시거든 이 잔을 내게서 지나가게 하옵소서 그러나 나의 원대로 마시옵고 아버지의 원대로 하옵소서"라고 기도하시며 양가감정을 겪었다.

누구든지 양가감정을 경험하지만 양가감정을 어떻게 처리하느냐에 따라 신앙의 성숙 정도를 알 수 있다. 가장 낮은 태도는 자기 감정대로 행동하는 것이요, 그다음은 자기 옳은 대로 행동하는 것이요, 가장 성숙한 태도는 주의 뜻대로 하는 것이다.

023. 감정의 균형을 이루라

어떤 사람은 눈만 뜨면 불평불만을 늘어놓는다. 햇볕이 쨍쨍 나면 머리가 벗겨진다고 불평하고, 날이 흐리면 신경통 도진다고 불평한다. 배가 부르면 배불러 죽겠다고 투덜대고, 배가 고프면 배고파 죽겠다고 신경질을 낸다.

반면에 어떤 사람은 햇볕이 쨍쨍 나면 날이 좋다고 하고, 날이 흐리면 덥지 않아서 좋다고 한다. 배가 부르면 일용할 양식이 풍성함을 감사하고, 배가 고프면 식욕이 떨어지지 않았음을 감사한다. 전자는 부정적 감정의 소유자요, 후자는 긍정적 감정의 소유자이다.

사람은 감정의 동물이다. 긍정적 감정을 가지면 호감을 느끼고 부정적 감정을 가지면 반감을 느낀다. 바바라 프리드릭슨(Barbara Fredrickson)은 긍정적 감정 대 부정적 감정 비율이 3:1일 때, 사람은 행복감을 느끼기 시작한다고 한다. 긍정적 감정이 부정적 감정보다 우세하면 긍정적 감정이 부정적 감정을 대체하여 즐거운 상태를 갖게 하고, 반면에 부정적 감정이 긍정적 감정보다 우세하면 부정적 감정이 긍정적 감정을 삼켜버려 불쾌한 상태를 갖게 된다고 했다. 존 고트먼(John Gottman)은 행복한 부부가 배우자에게 느끼는 긍정적인 감정과 부정적인 감정의 비율은 5:1이고, 이혼을 앞둔 불행한 부부가 배우자에게 느끼는 긍정적인 감정과 부정적인 감정의 비율은 1:1.25라고 한다. 부부는 서로 긍정적인 감정을 많이 느끼면 행복한 부부가 되고, 긍정적 감정보다 부정적 감정이 조금만 더 커져도 불행한 부부라고 여긴다.

　긍정적 감정은 수입에 해당하고, 부정적 감정은 지출에 해당한다. 긍정적 감정이 부정적 감정보다 많으면 감정이 풍성해져서 행복지수가 높아지고, 부정적 감정이 긍정적 감정보다 많으면 감정이 고갈되어서 불행지수가 높아진다. 지금 당신의 감정균형 상태는 어떠한가?

024. 강대상 종치는 재미

어느 미국인 목사님은 한국 교회를 방문할 때에 꼭 하고 싶은 일이 있었다고 했다. 그것은 강대상 위에 있는 종을 쳐 보는 것이었다. 미국 교회의 강대상 위에는 종이 없는데 한국 교회에는 그 종이 있어서 신기했다고 한다. 그 목사님께서 어느 한국 교회의 초청을 받아 설교를 하게 되었는데 그렇게 해 보고 싶었던 강대상 종을 설교하면서 마음껏 쳤다고 한다. 그랬더니 신기한 일이 일어났는데 졸거나 딴청을 하던 사람들이 눈을 번쩍 뜨고 주목을 하였다고 한다.

본래 강대상의 종은 선교사님들이 처음 한국에 들어왔을 때 교인들이 진지하게 예배를 준비하지 않고 서로 이야기를 하는 경우가 많았을 때 그들로 하여금 예배의 시작을 알리고 집중하도록 하기 위하여 종을 쳤다고 한다.

그런데 이제는 거의 모든 교회들이 예배를 시작하기 전에 종을 치는 것이 예배의 순서처럼 되어 있다.

어느 교회에 새로운 담임목사님이 부임했다. 새로 부임한 목사님도 강대상 위에 있는 종을 치고 예배를 시작했다. 그런데 종을 세 번 치지 않고 한 번만 친 것이 문제가 되었다. 당회는 예배 전에 종을 세 번 치는 의미가 성부, 성자, 성령을 의미하는데 어째서 한 번만 치느냐며 목사님의 신학사상에 문제가 있는 것 아니냐는 문제로 비화되어 결국 사임하고 말았다고 한다.

어느 교회에서는 세족식을 할 때 오른발과 왼발 중에 어느 발을 먼저 씻어야 하느냐가 논란이 되어 교회가 분열되기도 했다. 성경에 명백하게 규정되어 있는 것을 '디아포라(diaphora)'라고 한다면, 그 반대로 성경이 명백하게 말하지 않으며 신자가 임의로 할 수 있는 것을 '아디아포라(adiaphora)'라고 한다. '아디아포라'는 '대수롭지 않음'이란 뜻을 가진 단어로서 해도 좋고 안 해도 괜찮은 것을 말한다.

025. 거룩한 고통

어린이나 청소년이 성장할 때 겪게 되는 고통이 있는데 이를 '성장통'이라고 한다. '성장통'은 특별한 신체적 이상은 없이 어린이나 청소년이 갑자기 자라면서 생기는 통증이다. 어린이의 30%가 성장할 때 '성장통'을 겪는다고 한다. 3살에서 12살에 가장 많이 겪게 된다고 하는데 '성장통'은 밤에 자다가도 무릎이나 다리에 통증을 느껴 깨기도 한다. 키가 자랄 때에 우리 몸을 이루는 206개의 뼈가 길게 자라는 '길이 성장'과 부피가 늘어나는 '부피 성장'을 한다. 뼈가 길어지고 늘어날 때 나타나는 통증을 '성장통'이라고 한다. '성장통'은 어떤 병에 걸린 것이 아니라 성장하고 있다는 신호이기에 적절한 영양 섭취와 근육을 풀어 주며 휴식을 취하도록 하면 된다고 한다.

육체적으로만 성장통이 있는 것이 아니라 신앙적 혹은 영적으로도 성장통을 겪는다. 요나는 선지자로 부름을 받았지만 선지자로서의 소양과 성품 그리고 기질 등이 준비되어 있지 않았다. 하나님의 말씀을 들었지만 말씀에 순종할 준비가 되어 있지 않았다. 니느웨에 대한 하나님의 계획을 알게 되었지만 그와 같은 계획을 세우신 하나님의 마음을 이해하지 못했다. 그래서 하나님은 그를 성장시키시려고 '큰 바람', '큰 파도', '큰 물고기', '박넝쿨', '벌레', '동풍' 등을 준비하여 연단했다. 다윗도 고난을 당하기 전에는 그릇 행했으나 고난을 당한 후 바른 길로 행하게 되었다. 하나님은 자기 백성, 자기 일꾼들을 성장 그리고 성숙하도록 '거룩한 고통'을 당하게 하신다.

026. 거룩한 낭비

세계식량기구에 따르면 미국에서 낭비되는 음식의 비중이 무려 40%에 달하고, 전 세계적으로 무려 33%의 음식이 낭비가 되고 있다고 한다. 이렇게 많은 음식들이 낭비되고 있음에도 기아가 발생하는 이유는 바로 분배가 원활히 이루어지고 있지 않기 때문이라고 한다. 음식만 낭비되는 것이 아니라 인생도 낭비할 수 있다.

무명 시절의 한 화가는 20달러짜리 위조지폐를 그렸다가 동네 가게 여인의 젖은 손에 잉크가 묻어 나와 발각되었다. 가택 수색한 결과 그의 집에서 초상화가 나왔다. 그가 체포된 후 그가 그린 초상화는 한 점에 5천 달러 이상에 공매되었다. 그가 5천 달러 상당의 초상화들을 그리는 데 소요된 시간과 20달러짜리 위조지폐를 그리는 데 소요된 시간이 거의 같았다는 것이다. 이 화가는 자기 인생을 도둑질한 사람일 뿐 아니라 자기 인생을 낭비한 사람이었다.

대개 사람들은 자기를 위해 사용하는 것을 투자라고 생각하고, 다른 사람을 위하여 쓰는 것을 낭비라고 생각하기 쉽다. 그러나 켄 블랜차드는 그의 책 〈나눌수록 커지는 행복한 낭비〉에서 '시간', '재능', '부', '손길'을 다른 사람을 위하여 쓸 때 행복해질 수 있다고 했다. 마리아는 3백 데나리온(1년치 봉급)에 해당하는 향유를 예수님께 드렸다. 마리아는 3백 데나리온의 향유보다 예수님을 더 귀하게 여겼기에 드릴 수 있었다. 그러나 가룟 유다는 주님보다 돈을 더 사랑했기 때문에 마리아가 향유를 낭비했다고 그녀를 비난했다. 그러나 낭비에도 '행복한 낭비', '칭찬받는 낭비', '거룩한 낭비'가 있다.

027. 거룩한 손해

마케팅 심리학자 패커드는 〈감추어진 설득자들, The Hidden Persuaders〉에서 미국 인디애나 주의 슈퍼마켓 주인은 그의 가게 앞에 다양한 치즈들을 진열해 놓고 손님들로 하여금 원하는 만큼 공짜로 시식하게 했더니 그날 하루 동안 무려 1,000파운드의 치즈를 팔았다고 한다. 공짜 샘플 제공 전 가게의 하루 평균 매상이 300파운드였다는 점을 감안한다면 놀라운 일이 아닐 수 없다.

마케팅에서는 특정한 날에만 특별 할인이나 공짜 메뉴를 제공하는 '미끼 상품'이라는 전략을 쓰고 있다. 다시 말하면 특정 상품의 가격을 파격적으로 싸게 책정하여 홍보하고, 이를 구매하러 온 고객들이 다른 상품들도 구매하도록 미끼를 던지는 방식이다. 음식을 마음껏 먹게 한다는 것은 어떻게 보면 굉장히 손해를 보는 것 같지만 오히려 훨씬 더 큰 이익을 얻을 수 있기에 그와 같은 전략을 사용한다.

때때로 우리 그리스도인들도 진리를 따라 살고자 할 때 손해를 볼 때가 많다. 할 말을 못 할 때도 많다. 우리가 하

나님의 진리를 위해 일시적으로 손해를 보는 것 같을지라
도 하나님은 더 큰 축복으로 갚아 주신다. 하나님은 자신
의 말씀을 지키는 자를 반석 위에 세워 주신다(마 7:24).
그리스도인들이 이와 같은 거룩한 손해를 감수하는 것은
하나님의 약속을 굳게 믿기 때문이다.

"주라 그리하면 너희에게 줄 것이니 곧 후히 되어 누르
고 흔들어 넘치도록 하여 너희에게 안겨 주리라 너희가
헤아리는 그 헤아림으로 너희도 헤아림을 도로 받을 것이
니라"(눅 6:38).

028. 거목을 쓰러뜨린 딱정벌레

컬럼버스가 미 대륙을 처음 발견했을 때 아주 작은 나
무 한 그루가 있었다. 청교도들이 미 대륙에 상륙했을 때
절반쯤 자란 나무였다고 한다. 이 나무는 500년을 살아
오면서 벼락을 14번이나 맞았고, 수없이 많은 눈사태를
만났으며, 여러 차례의 폭풍우를 만났지만 굳건히 이겨
내고 거목이 되었다. 500년 동안 미국의 역사와 함께 군

건히 서 있었는데 얼마 전에 이 나무가 갑자기 쓰러져 버리고 말았다. 늙어 수명을 다한 것인가? 아니다. 이 나무가 쓰러진 원인은 식물학자에 의하면 어처구니없게도 딱정벌레 때문이었다고 한다. 딱정벌레가 이 나무를 파먹기 시작하여 나무의 중심까지 갉아먹어 들어간 것이다. 그래서 버티는 힘이 약해져서 결국 넘어지고 말았다. 딱정벌레는 딱정벌레과에 속하는 절지동물이다. 딱정벌레는 작물·목재·직물 등을 갉아먹어 피해를 주기도 하고 기생충이나 질병을 전파하기도 한다.

야곱의 아들 에서는 장자의 명분보다 팥죽을 더 중시하다가 버림을 받았다. 사울왕은 사무엘을 통해 아말렉 군대를 쳐부수고 진멸하라는 하나님의 명령을 받고 전쟁에 나가서 아말렉을 물리쳤지만 좋은 것들은 진멸하지 않고 남겨두었다가 하나님으로부터 버림을 받았다. 가룟 유다는 탐욕으로 인하여 예수님을 은 30개에 팔고 그것을 써 보지도 못하고 자살하고 말았다. 이 모든 것을 한 단어로 표현하면 '죄'이다. 딱정벌레가 수백 년 된 거목을 쓰러뜨렸듯이 죄는 신분과 지위 그리고 스펙까지 초월하여 쓰러뜨려 사망에 이르게 한다(롬 6:23).

029. 격려

레오나르도 다빈치는 르네상스를 대표하는 예술가로서 그 유명한 '모나리자'와 '최후의 만찬' 등을 남겼다. 또한 그는 회화, 건축, 기계, 해부학 등에서도 방대한 업적을 남겼다. 하지만 다빈치는 어렸을 때는 고아라는 이유로 따돌림을 당하여 집 밖에 나가는 것조차 싫어했었다. 그러나 그를 키웠던 할머니는 다빈치에게 "너는 무엇이든지 할 수 있어. 할머니는 너를 믿는다."라는 말로 격려했다.

발명왕 에디슨은 네덜란드 출신의 이민자인 아버지와 스코틀랜드계 어머니 사이에서 태어났다. 그는 초등학교도 제대로 못 다니고 아홉 살 때 학교에서 저능아라고 쫓겨났다. 그의 어머니가 집에서 성경과 수많은 책을 읽히면서 격려했다. 어머니의 사랑과 격려를 힘입은 에디슨은 84세로 세상을 떠날 때까지 1,093가지의 발명품을 만들었다.

해가 지지 않는 나라를 세운 영국의 빅토리아 여왕도 힘들 때에 궁궐 밖에 사는 경건한 노파를 찾아가서 대화를 나누면서 위로를 받았다. 천하를 호령하던 로마 황제들도 지친 마음을 위로해 줄 사람을 항상 곁에 두고 있었다.

이 세상에는 격려가 필요하지 않은 사람은 아무도 없고, 격려하지 못할 사람도 아무도 없다. 누구든지 격려가 필요하고, 또한 누구든지 격려할 수 있다. 격려는 용기나 힘을 북돋아 주는 것을 말한다. 캘빈 밀러(Calvin Miller)는 그의 책 〈격려〉에서 격려는 사람을 일으키는 가장 큰 힘이고, 격려자는 하늘 축복의 메신저라고 했다. '수고했어요.', '잘 했어요.', '고마워요.', '사랑해요.', '괜찮아요.', '미안해요.'라는 따뜻한 말 한마디가 큰 격려가 된다. 주님은 우리들에게 '서로 격려하라'고 하신다(히 10:24). 다윗은 "이 말씀은 나의 고난 중의 위로라"(시 119:50)고 했다.

030. 고난불변의 법칙

에너지 보존의 법칙 중에 '질량 불변의 법칙'이 있다.

이는 물질이 화학 반응에 의해 다른 물질로 변화하여도 반응 이전 물질의 모든 질량과 반응 이후 물질의 모든 질량은 변하지 않고 항상 일정하다는 법칙으로 1774년에 라보이지에(Lavoisier)가 발견하였으며 근대 과학의 기초가 되었다. 도박판에서는 누군가 돈을 따면 그 만큼의 돈을 누군가 잃게 되는 '도박판 판돈 불변의 법칙'이 있다. 우리 인생에는 '고난불변의 법칙'도 있다. 많은 사람들이 부러워하는 야곱도 "내 나그네 길의 세월이 백삼십 년이니이다 내 나이가 얼마 못 되니 우리 조상의 나그네 길의 연조에 미치지 못하나 험악한 세월을 보내었나이다"(창 47:9)라고 했다.

모든 인간은 다 다르지만 짊어지고 가야 될 고통의 양은 모두 가지고 있다. 하나님의 선민이었던 유대인이나 헬라인, 고대인이나 현대인, 문명인이나 문맹인 모두 고난을 안고 산다. 그러므로 나 자신만 고난과 고통스런 삶을 산다고 생각하지 않아야 한다. 부자나 가난한 자, 건강한 자나 병든 자 모두 고난을 피해가지 못한다. 성경은 "재난은 티끌에서 일어나는 것이 아니며 고생은 흙에서 나는 것이 아니니라"(욥 5:6)고 했다. '무자식이 상팔자'

라고 하지만 자식이 없으면 없어서 고난이요, 자식이 있으면 있어서 고통을 겪는다. 돈이 없으면 없어서 겪는 고난이 있고, 돈이 많으면 많아서 겪는 고통이 있다.

"왜 나만 겪는 고난이냐고 불평하지 마세요 고난의 뒤편에 있는 주님이 주실 축복 미리 보면서 감사하세요"라는 찬양처럼 의미 없는 고난이 없다. 하나님은 우리의 가는 길을 아신다. 주님은 고난으로 우리를 연단하여 순금으로 만드신다(욥 23:10).

031. 고난을 축복의 통로로 만든 사람들

프랑스의 위대한 문호 빅토르 위고는 1851년 48세 때 나폴레옹 3세의 쿠테타에 반대한 이유로 게르세이 섬으로 추방되어 20년 동안 유배생활을 했다. 그곳에서 빅토르 위고는 세계적인 명작 〈레미제라블〉(일명 장발장)을 탄생시켰다. 존 번연은 1628년 영국 베드포드 근처의 엘스토우에서 태어났다. 그의 부모는 정직했으나 매우 가난한 사람들이었다. 매우 가난한 형편이었지만 존 번연은 학교에 가서 글을 읽고 쓰는 법을 배우게 되었다. 그리고는 아버지 밑에서 땜장이 일을 배웠다. 그 당시에 설교를 법으로 금지하였음에도 12년간의 감옥살이를 두려워하지 않고, 뜨거운 열정으로 복음을 전했으며 또한 약 60권의 저서를 집필했다. 세례 요한은 약대 털옷을 입고 메뚜기와 석청을 먹었음에도 그의 설교는 유대 광야에 사람들이 모이게 했으며 그들의 심령을 뒤집어 놓았으며 헤롯왕을 떨게 만들었다. 스펄전은 일생 동안 많은 낙심을 경험했다. 그는 또한 만성적 통풍과 신장염, 그리고 한번 시작되면 수주일 동안 혹은 심지어 몇 달 동안 지속되는 극심한 통증으로 꼼짝 할 수 없는 질병이 있었다. 그러나 그의 강력한 설교는 19세기 중반에 세계에서 가장 큰 독립 교회를 이루었다.

매슬로우(Maslow)의 5단계 욕구설에 의하면 인간은 안전에의 욕구가 있다고 했다. 대부분의 사람들은 안전에의 욕구가 충족되지 않을 때 좌절하지만 그리스도인은 모든 일에 우리를 사랑하시는 이로 말미암아 넉넉히 이긴다고 했다(롬 8:37).

032. 고난의 신비 🍇

엘리야 시대에 여호와 하나님과 바알신을 겸하여 섬기거나 두 사이에 방황하던 이스라엘 백성들처럼 오늘날도 하나님과 세상 사이에서 방황하는 신자들이 많이 있다.

1960년대 유명한 복음주의자이며, 교회의 선지자적인 역할을 감당한 토저 목사님은 오늘날의 교회에 심각한 세 가지 문제가 있다고 했다. 첫째는, 믿는 자가 성장하지 않고 항상 어린아이로 머물며 살만 찐다는 것이다. 둘째는, 믿는 자가 교회 안에서 마땅히 해야 할 일을 알지 못하고 오직 참관만 한다는 것이다. 셋째는, 믿는 자가 서로 일치되지 않고 분열과 다툼만 일삼는다는 것이다. 토저 목사님은 이것을 해결할 수 있는 길은 오직 '하나님을 알 때만이 가능하다'고 했다.

하나님은 이와 같이 영적으로 졸고 있거나 잠들어 있는 교회를 깨우시기 위해 고난을 보내시기도 한다. 고난도 모두 같은 것이 아니다. 베드로전서 2장 19-20절에서 세 종류의 고난이 있음을 가르치고 있다. 첫째로 부당한 고난이 있고, 둘째로 죄를 범하고 당하는 고난이 있고, 마지막으로 선을 행하고 당하는 고난이 있다. 부당하게 당하는 고난은 인내함으로 극복할 수 있으며, 범죄함으로 당한 고난은 회개하므로 극복할 수 있고, 선한 일을 행함으로 고난을 당할 때는 감사함으로 극복하면 오히려 축복의 기회가 된다(벧전 2:19-20).

033. 고래 반응

캔블랜차드 외 3인이 쓴 〈칭찬은 고래도 춤추게 한다〉라는 책이 사람들에게 널리 읽히고 있다. 이 책의 내용은 사람들이 플로리다의 씨월드 해양관에서 범고래가 멋진 쇼를 펼치는 것을 보고 환호한다. 바다의 포식자로 불리며 몸무게가 3톤이 넘는 범고래가 그런 멋진 쇼를 하게 되었는가에 대하여 사람들은 궁금하게 여겼다. 범고래의 멋진 쇼를 만드는 비결은 칭찬이었다.

여러 해 전에 한약방을 하던 아버지를 살해하여 큰 충

격을 주었던 사건이 발생했었는데 그는 아버지로부터 '한 번도 칭찬을 받아 본 적이 없었다.'고 진술했다고 한다.

미국의 한 회사의 경리책임자는 30년 이상 회사를 위해 일해 왔는데 칭찬을 한 번도 받아보지 못했다며 더 이상 일하기 싫다면서 자살을 하였다. 반면에 GE 회장 잭 웰치는 어린 시절에 말을 더듬어 놀림감이 되었다. 그때 그의 어머니는 그에게 '너는 생각의 속도가 너무 빨라서 입의 속도를 따라가지 못할 뿐이야.'라며 머리가 좋은 것을 칭찬해 주었다. 우리는 말더듬는 것을 놀리거나 비난할 수도 있고, 생각이 빠른 것을 칭찬할 수도 있다.

캔블랜차드는 '부정적 반응'을 '뒤통수치기 반응'이라고 말한다. 사람들이 실수를 저지를 때 뒤통수를 치듯 반응한다는 의미이다. '뒤통수치기 반응'은 결코 사람들이 최선을 다하게 하지 못한다. 칭찬은 '고래 반응'을 가져오는 반면에 비난은 '뒤통수치기 반응'을 가져온다. 칭찬과 비난에 대한 선택은 우리 자신의 몫이다.

예수님이 들려주신 '달란트 비유'(마 25장)에서 '달란트'는 고대 사회에서 사용하던 화폐의 단위였는데 성경 학자들에 의하면 일반적으로 1달란트는 금 35kg 정도로 추산하고 있다. 금 1g이 68,675.80원(2020년 5월 15일 시세)이다. 그렇다면 1달란트는 2,403,653,000원(약 24억 원)이다. 2달란트는 약 48억 원, 5달란트는 약 120억 원에 해당한다.

1달란트 받았던 종은 다른 종들이 받은 것과 자신의 것을 비교했을 것이다. 주인의 성품을 생각해 보고서는 땅속에 묻어두었다가 그냥 1달란트를 가져와서 책망을 받고 있는 것까지 빼앗겼다. 때로 비교하면 많은 것도 적게 느껴지고, 작은 것도 크게 생각하기 쉽다. 또한 못 사는 사람과 비교하여 잘살고 있다는 자긍심을 갖다가도 자기보다 잘사는 사람과 비교하면 너무 초라하고 못 살고 있다는 열등감에 빠지기도 한다.

다윗은 이새의 여덟 명의 아들 중에 막내였다(삼상 16:11). 여기서 '막내'는 히브리어로 '카탄'인데 '어린',

'하찮은', '중요하지 않은'이란 뜻을 가지고 있다. 아버지 이새에게 다윗은 막내이면서 하찮고 중요하지 않은 존재였다. 다윗의 잠재력을 전혀 알아채지 못했다. 그러나 하나님에게는 다윗이 '막내'가 아니라 '장자'였고, '목동'이 아니라 '용사'였다.

사람들은 능력 있는 사람을 과소평가하여 능력 없는 사람으로 보기도 하고, 혹은 능력 없는 사람을 과대평가하여 능력 있는 사람으로 보기도 한다. 또한 자신을 과소평가하여 열등감에 빠지기도 하고, 과대평가하여 교만에 빠지기도 한다.

주께서 내 원수의 목전에서 내게 상을 차려 주시고
기름을 내 머리에 부으셨으니 내 잔이 넘치나이다
내 평생에 선하심과 인자하심이 반드시 나를 따르리니
내가 여호와의 집에 영원히 살리로다

- 시 23:5~6 -

PART
03

'광야학교'에서 일어난 일
: 거룩과 고난

035. 광야학교 입학

　대부분의 사람들은 여러 번의 입학과 졸업을 경험한다. 어린이집의 입학식을 보면 아빠와 엄마 그리고 할아버지와 할머니까지 온 가족이 다 와서 축하한다. 초등학교, 중고등학교, 대학교 그리고 대학원까지 입학할 때 주변의 사람들이 축하를 보낸다. 이는 입학할 수 있는 자격이 있고, 입학 후에 더 많은 진보와 성숙을 기대하기 때문이다. 학교 과정을 통하여 더 많은 지식을 습득하고 인격이 성숙하고 사회성을 배우게 된다.

　우리나라는 중학교까지 의무교육을 하고 있다. 반드시 학교에 가서 공부를 해야 한다. 우리 성도들에게 '광야학교'는 의무교육이다. 모세, 다윗, 세례 요한도 광야학교에서 훈련을 받았다. 그들은 모두 광야학교 동문들이다. 유대인들은 광야를 '미드바르'라고 부른다. 이 단어는 '~함께', '~더불어'라는 말과 '말씀'이라는 말이 합쳐진 단어이다. 그들은 광야를 '하나님의 말씀과 함께하는 곳', '하나님의 말씀을 듣고 사는 곳'이라고 이해하고 있다.

출애굽 때 이스라엘 백성들은 광야에서 하나님의 율법을 듣고 배우고, 구름기둥과 불기둥의 인도를 받고, 만나와 메추라기를 먹는 특별한 은총을 받은 곳이었다. 다윗은 광야가 하나님께 집중하는 곳이었으며, 간절히 하나님을 찾는 기도하고 응답을 체험하는 곳이었으며, 깊은 찬양을 드린 곳이었으며, 기름진 고기를 먹는 것 같이 영혼이 만족함을 누리는 곳이었다고 간증했다(시 63편).

광야학교는 먼저 입학했다고 먼저 졸업하는 것이 아니다. 먼저 출발했다고 해서 먼저 도착하는 것도 아니다. 광야학교 총장인 하나님의 합격 사인이 있어야 졸업하게 된다.

036. 교회의 회복

유대인들은 하나님이 만드신 피조물의 세계를 광물(mineral), 식물(vegetable), 동물(animal), 인간(human)의 4가지 세계로 구분한다. 범죄함으로 하나님을 떠나게 되었을 때 모든 피조물은 함께 탄식하며, 함께 고통을 겪게 되었다(롬 8:22).

피조물들의 탄식과 고통이 회복되는 곳이 바로 성전(혹은 교회)이다. 성전에서 드리는 희생 제사에는 이러한 4가지 피조물의 세계를 대표하는 상징이 등장하는데 희생제사를 집례하는 제사장이 '인간'을, 바쳐지는 제물이 '동물'을, 소제의 제물이 '식물'을, 제물이 뿌려지는 소금이 '광물'을 각각 대표하고 있다.

의식법에 대하여 기록한 레위기의 제사는 '모형'(model)과 '대체'(substitution)의 의미를 담고 있다. '모형'은 '실제'에 대한 예표다. '모형'은 실제가 나타날 때까지 '시한부'라는 약점과 불완전성을 지니고 있다. 레위기의 제사는 두 가지 면에서 불완전성을 지니는데 제사를 드리는 제사장이다. 제사장은 자신도 불완전하여 자신을 위한 제사를 드려야 하고, 또한 영원하지 못하다. 다른 하나는 제사에 쓰이는 제물이다. 그 제물은 완전하지 못하여 해마다 다시 제물을 드려야 한다. 그러므로 온전하신 예수 그리스도가 오심으로 속죄 사역이 완성되었다. '대체'는 희생제물이 그것을 가지고 온 사람을 대신하는 것이다.

희생제물의 죽음은 그 희생제물을 드리는 자를 대신하기에 제물이 죽으므로 드리는 자가 살게 된다. 제사를 통하여 불완전하고 허물과 죄로 더럽혀진 자들이 깨끗함을 얻고 하나님과 단절되었던 자들이 관계가 회복된다. 오늘날 교회는 단순히 모였다가 흩어지는 장소가 아니라 하나님과 자신과 사회와 피조물과의 관계를 회복시키는 곳이다.

037. 구실 만들기(self-handicapping)

우리는 일상생활에서 중요한 일을 앞두고 스스로 불리한 조건을 만드는 경우를 볼 수 있다. 이는 스스로에게 핸디캡을 준다는 의미로 심리학자 아킨과 바움가드너는 이를 '셀프 핸디캐핑'(self-handicapping)이라고 했다. 이는 중요한 시험이나 일을 하기 전에 실패하였을 경우를 대비하여 미리 의식적, 무의식적으로 자신에게 불리한 상황을 만드는 현상을 말한다. 이를 우리말로 '구실 만들기'이다.

셀프 핸디캐핑은 자존심이 상하지 않으면서 빠져나갈 수 있는 길을 미리 마련해 두는 것이다. 이러한 셀프 핸디캐핑은 본인에게 중요한 일인 경우 혹은 앞으로 수행할 과제에 대한 성공을 확신할 수 없을 경우에 셀프 핸디캐핑이 일어나기 쉽다고 한다.

사람들은 왜 셀프 핸디캐핑을 사용하는가? 우선 불리한 조건을 스스로 만들어 두면 과제 수행에 실패했을 때 혹은 성공했을 때 자신에게 유리한 평가를 이끌어 낼 가능성이 있기 때문이다. 과제 수행에 실패했을 때 불리한 조건이 좋은 핑계가 될 수 있을 것이고, 반대로 과제 수행에 성공했다면 불리한 조건에도 불구하고 뛰어난 능력을 가진 사람으로 평가를 받을 수 있기 때문이다. 그러나 셀프 핸디캐핑이 그렇게 효과적이지 못하다고 한다. 셀프 핸디캐핑은 당장은 자신에 대한 부정적인 평가를 약하게 할 수도 있지만, 계속 사용하다 보면 결국에는 '핑계만 대는 사람'이라고 낙인찍히게 된다. 셀프 핸디캐핑은 단기적으로는 이익이 될지 모르지만 장기적으로는 큰 손해가 될 수 있다.

금지된 선악과를 먹은 아담은 하와 때문에 먹었다고 핸디캐핑을 했고, 하와는 뱀이 꾀므로 먹었다고 핸디캐핑을 했다. 사울왕은 아말렉과의 전쟁에서 이긴 후 좋은 가축을 끌고 온 이유가 하나님께 제물로 드리려 했다고 핸디캐핑을 했다. 핸디캐핑으로 부모를 속일 수 있고 친구들을 속일 수도 있다. 그러나 하나님을 속일 수는 없다.

038. 군함 같은 교회와 유람선 같은 교회

어떤 사람은 교회를 두 종류로 분류했는데 하나는 유람선과 같은 교회요, 다른 하나는 군함과 같은 교회이다. 유람선은 뱃놀이를 하는 데 쓰는 배로 관광과 놀이를 위한 배를 말한다. 온갖 편의시설을 갖추고 승객들에게 편안하고 즐거움을 제공해 준다. 승객들은 아무런 부담 없이 구경하며 즐기고 목적지에 도착하면 배에서 내린다.

유람선 같은 교회는 소수의 직원들(crews)만 일한다. 나머지 사람들(passengers)은 구경만 하고 놀고 즐긴다. 목적지에 도착하면 미련 없이 떠난다. 유람선은 아무리 사람들이 많을지라도 전쟁의 임무를 수행할 수 없다. 유람선과 군함은 모두 물 위에 떠 있지만 본질적으로 그 임무가 다르다. 유람선은 즐김을 목표로 하는 반면에 군함은 전쟁의 승리를 목표로 한다. 유람선은 목적지를 돌아오게 되면 승객들은 모두 배에서 떠나지만 군함의 승무원들은 떠나지 않고 자리를 지킨다.

한국 교회는 유람선 승객과 같은 신자가 많은 교회인가? 군함의 승무원과 같은 신자가 많은 교회인가? 승무원처럼 헌신했던 성도들도 자기도 모르는 사이에 유람선과 같은 교회를 추구하고, 헌신과 충성을 하지 않은 채 편안함과 자유로움을 누릴 수 있는 교회를 갈망하는 경우가 많다. 과연 유람선과 같은 교회가 마귀와의 전쟁에서 승리할 수 있는가? 군함과 같은 교회가 아니고서는 결코 마귀의 요새를 무너뜨릴 수 없으며, 마귀의 간계를 능히 대적할 수 없다.

우리의 싸움은 혈과 육을 상대하는 것이 아닌 마귀를 상대하는 것이므로 유람선과 같은 교회를 추구하지 말고 군함과 같은 교회가 되길 소망하며 무장해야 한다(엡 6:10-13).

039. 균형과 조화의 신앙

미국의 신경 생물학자 로저 스페리(Roger W. Sperry)는 인간의 좌뇌와 우뇌는 서로 다른 역할을 한다는 것을 실험으로 증명해 1981년 노벨 의학상을 수상했다.

좌뇌는 '언어 뇌'라고 불리며 생각하고 말하는 것, 계산하는 것, 사물을 해명하고 분석하는 논리적인 기능을 담당한다. 아이큐 검사도 대부분 좌뇌에 치중된 능력을 측정하는 도구이며, 학교에서의 공부도 좌뇌를 잘 써야만 좋은 점수를 얻을 수 있다. 우뇌는 '이미지 뇌'라고 하며 감성과 상상력과 창의력, 스포츠 활동 그리고 단숨에 상황을 파악하는 직관과 같은 감각적인 분야를 담당한다. 좌뇌와 우뇌 중 어느 한 쪽만의 발달은 이성과 감성, 논리적 사고와 창의적 사고가 동시에 요구되는 시대에 적응하기 어렵다. 창조주 하나님은 좌뇌적 요소와 우뇌적 요소가 우리에게 모두 필요하기에 만드셨다.

앨빈 토플러는 21세기에는 지식 못지않게 감성도 중시될 것이라고 했다. 이전에는 지능지수(IQ)에 관심이 많았지만 이제는 감성지수(EQ)에도 많은 관심을 갖는다. 지능지수(IQ)를 빙산의 보이는 부분에 비유하고, 감성지수(EQ)는 물속에 잠겨 보이지 않는 부분에 비유하여 감성지수를 강조하기도 한다. 걸을 때도 균형을 잃으면 넘어지고, 생활도 균형을 잃으면 무너진다. 서 있다고 생각하는 사람은 넘어지지 않도록 조심해야 한다(고전 10:12). 신앙생활도 믿음과 행함의 균형을 이루어야 하고, 은혜(영성)과 진리(말씀)도 균형을 이루어야 한다. 균형을 잃으면 넘어지지 않으려고 해도 넘어지고 만다.

040. 균형의 복

미국 옐로스톤 국립공원에서 포식자인 회색늑대를 전멸시켰더니 늘어난 초식동물 엘크가 풀을 다량으로 먹는 바람에 공원이 황폐해졌다. 포식자인 퓨마가 사라지자 늘어난 사슴이 강변 깊숙이 뿌리내린 풀까지 먹어치워 약해진 둑이 무너져 홍수 때에 범람하는 일이 잦아졌다.

생태계에서의 균형은 아무리 강조해도 부족하다. 균형은 기울거나 치우치지 않고 고른 상태를 말한다. 사람이 건강하게 살아가기 위해서는 팔다리와 몸통 그리고 머리를 비롯한 신체의 각 부위의 균형이 이루어져야 한다. 섭취와 배설의 균형이 이루어져야 한다. 많이 섭취하는데 배설이 이루어지지 않는다면 어떻게 되겠는가? 며칠도 살 수 없다. 노동과 휴식의 균형도 매우 중요하다. 노동만 하고 휴식이 없다면 병들어 죽고 만다. 잘 살아보려고 일하는데 일찍 죽으면 무슨 소용이 있겠는가? 건강한 몸을 유지하기 위하여 적절한 운동, 식사, 수면의 균형이 필요하다. 정서적인 건강을 위해서는 사색, 대화, 취미생활, 사랑의 균형이 필요하다. 영적 건강을 위해서 기도와 묵상, 하나님과의 친밀한 시간, 성령으로의 충만함의 균형이 필요하다.

　인간은 영과 혼과 육으로 구성되었기에 그 상호 간의 균형을 이루어야 행복하게 된다. 날마다 햇볕만 쏟아지면 사막이 되고 만다. 비도 오고, 바람도 불고, 구름도 끼어야 한다. 건강한 것도 복이지만 아픈 것도 복이 된다. 성공한 것도 복이지만 실패한 것도 복이 된다. 형통한 것도 복이지만 불통한 것도 복이 된다. 웃는 것도 복이지만 우는 것도 복이 된다.

"우리가 알거니와 하나님을 사랑하는 자 곧 그의 뜻대로 부르심을 입은 자들에게는 모든 것이 합력하여 선을 이루느니라"(롬 8:28)

우리는 하나님을 사랑하는 자요, 그의 뜻대로 부르심을 입은 자들이다.

041. 그라운드 제로

'그라운드 제로(Ground Zero)'는 본래 핵무기가 폭발한 지점이나 피폭 중심지를 뜻하는 군사용어이다. 이는 2차 세계대전 당시 일본 히로시마와 나가사키에 떨어진 원자폭탄의 피폭지점을 가리키는 용어로 1946년 7월 미국의 일간지인 「뉴욕타임스」에 의해 처음 사용되었다. 이후 2001년 9월 11일, 오사마 빈 라덴의 배후 지시에 따라 이루어진 비행기 테러로 인하여 110층에 달하는 두 건물 사무실 입주자와 건물에 충돌한 항공기 탑승객. 승무원,

구출에 나선 소방관과 행인 등을 포함해 거의 3천 명이 숨졌다. 911 테러로 무너진 쌍둥이 건물 세계무역센터(WTC)가 있던 자리를 '그라운드 제로'라는 이름으로 부르면서 더욱 널리 사용되기 시작했다.

'그라운드 제로'가 아무 것도 남지 않은 자리이기도 하지만 아무것도 없기 때문에 새롭게 시작할 수 있는 곳이 되기도 한다. 이스라엘 백성들이 출애굽하여 홍해를 건넌 후 찬양의 예배를 드렸다. 그리고 '여호와의 명령'를 따라서 수르 광야에 들어가서 사흘 동안 길을 갔지만 물을 찾지 못했다. 오히려 그들 앞에는 '마라'(쓴물) 외에는 아무 것도 없었다. 그때 그들은 모세를 원망했다. 그러나 그들은 그곳에서 쓴물이 달게 된 경험을 했으며, 그곳에서 오히려 '치료하는 하나님(여호와 라파)'을 만나는 기회가 되었다. 그곳에서 마라를 지나면 엘림으로 인도하신다는 사실도 깨닫게 되었다. 다윗은 인구조사를 했다가 그로 인한 전염병 징계로 7만 명이 숨지게 되었다. 그러나 그는 그때 오르난의 타작마당에서 하나님을 만나게 되었다. 다니엘은 자신의 지위, 신분, 명예 등 모든 것을 잃고 사자굴에 던져졌을 때 그곳에서 전능하신 하나님을 만나게 되었다.

하지만 사울은 전쟁에 패하여 '그라운드 제로'가 되었을 때 자결하고 말았다. 하나님을 떠난 자는 '그라운드 제로'가 절망의 자리가 되었지만 하나님과 함께하는 자는 '그라운드 제로'가 축복의 자리가 된다.

042. 금식하는 닭

도시에 살던 어느 집사님이 시골에 갔다가 이상한 광경을 보게 되었다. 닭장에 있는 닭들이 힘이 없어 비실비실하더란다. 왜 닭들이 힘이 없냐고 물었더니 닭 주인이 지금 닭들이 금식하고 있는 중이라고 하더란다. 신자들이나 금식이 필요한 것이지 왜 닭들이 금식하는지 궁금하여 물었더니 묵은 닭은 알을 잘 낳지 않는데 묵은 닭도 금식을 시키면 알을 더 낳을 수 있다고 하더란다.

닭은 지방이 많이 축적되어 비만이 되면 알을 낳을 수

없게 된다. 그래서 금식이 필요했던 것이다. 하지만 닭은 주인이 왜 자기들에게 먹이를 주지 않고 금식시키는지 전혀 알 수 없을 것이다. 하나님께서는 때때로 우리들이 금식하지 않으면 안 되도록 하실 때 혹시 '묵은 닭'(?)처럼 자기 본분과 사명을 잊어버리고 맡겨진 일에 충성을 다하지 않기 때문은 아닌지 자기를 살펴야 한다.

인터마운틴(Intermountain) 의료센터 연구팀에서의 연구 발표에 의하면 금식이 관상동맥 질환이나 당뇨병 발병 위험을 낮출 뿐 아니라 혈중 콜레스테롤 역시 긍정적인 방향으로 개선시키는 데 도움이 된다고 했다. 전문가들은 인간이나 동물은 좋은 것을 너무 많이 먹어서 병이 난다고 한다.

하나님은 니느웨 사람들과 짐승들이 금식하며 회개할 때 그들의 죄를 용서하고 그들을 심판하지 않았다. 일반적으로 사람들은 다이어트를 하기 위해 금식을 하지만 우리 성도들은 하나님이 기뻐하시는 금식을 통해 영성의 회복, 사명의 회복을 이뤄야 한다.

유엔 기준에 의하면 1년에 1인당 1천 톤(1,000㎥) 이하의 국가를 물 기근 국가, 1년에 1인당 1천 톤~1,700톤에 속하는 국가를 물 부족 국가로 분류한다. 오늘날 약 10억 명이 물 부족에 직면하고 있으며, 2025년까지 30억 명까지 증가할 것으로 예측하고 있다. 2050년까지는 전 세계 인구의 75%가 여기에 속하게 될 것으로 예측하고 있다.

기후변화, 인구증가, 물 소비의 증가가 물 부족의 3대 요인이 되고 있다. 물 부족으로 인하여 식량생산이 줄어들어 식량난이 발생하고, 공업용수의 부족으로 제품생산이 저하되고, 식수의 부족으로 더러운 물을 마시게 되어 전염병은 증가되고, 면역력이 적은 유아와 노인층의 사망률이 높아지게 된다. 물의 문제를 해결하지 못하면 물 부족에서 물 기근으로, 물 기근에서 물 전쟁으로 나아가게 된다.

지금도 세계 인구 중 약 40%가 깨끗한 물을 공급받지 못하고 있다. 개발도상국에서의 주요 사망 요인 중 하나가 바로 물 부족에 있다고 한다. 물의 부족은 가정문제, 사회문제, 국제문제로 비화된다. 여로보암 2세가 통치하던 시절, 나라의 경제는 발전하고, 주변 정세도 평안하여 북이스라엘 백성들은 이제 살 것 같다고 했다. 그런데 "보라 날이 이를지라 내가 기근을 땅에 보내리니 … 여호와의 말씀을 듣지 못한 기갈이라"(암 8:11)고 했다. 아모스 선지자는 말씀의 기근의 때가 다가올 것이라고 경고했다. 말씀의 기근이 오면 듣고 싶어도 하나님의 말씀을 들을 수 없게 된다. 그렇지만 아직까지 지금이 은혜 받을 만한 때요, 구원의 날이라고 했다. 만나도 거둘 때에 거두지 않으면 거둘 수 없는 때가 온다. 은혜도 부어질 때 받지 않으면 받을 수 없는 때가 온다. 문도 열려 있을 때 들어가야지 그렇지 않으면 들어가지 못할 때가 온다.

044. 기억의 양면성

초등학교 시절에 교실에서 풍금소리에 맞추어 "나의 살던 고향은 꽃피는 산골/ 복숭아꽃 살구꽃 아기 진달래/

울긋불긋 꽃 대궐 차리인 동네/ 그 속에서 놀던 때가 그립습니다"라며 부르던 '고향의 봄'을 기억할 것이다. 각종 스트레스에 지쳐 있을 때에도 이런 노래를 부르면 옛 고향의 모습이 그려지면서 마음이 편해진다. 그러나 진도 앞바다에서 세월호가 침몰해서 476명 중 295명이 사망하고 9명이 실종된 사건은 생각만 해도 몸서리가 처진다.

우리는 기억을 가지고 사는데 기억은 양면성을 가지고 있다. 기쁨과 에너지가 넘치는 기억이 있는가 하면 분노와 불안을 주며 고통을 주는 기억도 있다. 김선화는 그의 책 〈기억의 공격 – 심리질병의 치유〉에서 기억은 두 얼굴을 가지고 있다고 했다. 힘을 주는 기억도 있고, 삶의 에너지를 빼앗는 기억도 있다고 했다. 이것이 기억의 양면성이다.

과거에 보고 듣고 체험한 것들이 뇌 속에 기억된다. 다시 생각만 해도 좋은 긍정적인 기억과 기억하고 싶지 않은 부정적인 기억이 있다. 하지만 그 모든 기억들이 바로 자신에게 영향을 미쳐서 지금의 자신을 만들었다고 할 수 있다. 똑같은 사건을 경험했음에도 불구하고 기억이 다를 수 있는데 이는 기억의 주관성 때문이다. 나쁜 기억을 지우개로 머릿속에서 몽땅 지워 버리고 싶을 지도 모른다. 하지만 잊고 싶어도 잊혀지지 않는 기억도 있고, 잊고 싶지 않아도 잊혀지는 기억도 있다.

기억과 망각은 하나님께서 우리에게 주신 선물이다. 타락하기 이전에는 기억과 망각이 모두 복이 되었을 것이다. 그러나 타락한 이후에는 기억과 망각이 왜곡되어 상처와 고통을 가져다주었다. 치료하시는 하나님은 부정적이고 고통스런 기억도 복이 되게 하고, 망각도 유익이 되게 하신다.

045. 기회를 붙잡으라 🍇

이탈리아의 토리노 박물관에 고대 그리스 신화를 나타내는 유적지에 우스꽝스러운 조각품이 있다. 이 조각품의 주인공은 제우스의 아들인 카이로스 '기회의 신'이다. 앞머리는 숱이 무성하고, 뒷머리는 완전한 대머리이며 등과

양발 뒤꿈치에는 날개가 달려 있다. 또한 동상의 손을 살펴보면 한 손에는 저울과 다른 한 손에는 날카로운 칼을 들고 있다. 동상 앞에는 이런 글귀가 있다. "앞머리가 무성한 이유는 사람들로 하여금 내가 누구인지 금방 알아차리지 못하게 함이며, 또한 나를 발견했을 때는 쉽게 붙잡을 수 있도록 하기 위함이다. 뒷머리가 대머리인 이유는 내가 지나가고 나면 다시는 나를 붙잡지 못하도록 하기 위함이다. 발에 날개가 달린 이유는 최대한 빨리 사라지기 위해서이다." 한 손에는 저울과 다른 한 손에는 날카로운 칼을 들고 있는 이유는 기회가 앞에 있을 때는 저울을 꺼내 정확히 판단하고, 칼같이 결단하라는 의미라고 한다.

20세기 세계적인 명지휘자 중 한 사람인 토스카니니는 오케스트라의 첼리스트였다. 그는 지독한 근시여서 악보를 제대로 볼 수 없어서 연주를 하기 위해서 악보를 통째로 외웠다. 오케스트라 내부 문제로 지휘자가 자리를 비우게 되었을 때 통째로 악보를 외웠던 그가 발탁되었다. 이것이 계기가 되어 그는 첼리스트에서 명지휘자로 발돋움하는 기회가 되었다.

항상 준비하고 깨어 있어야 한다. 단순히 기다리는 것만으로는 기회를 잡을 수 없고, 꿈도 이룰 수 없다(시 32:6).

046. 길을 잃지 않는 법

59세의 등반가로 알프스에서 길을 잃었던 사람이 13일간 방황하다가 구출된 일이 있었다. 이 사람은 매일 12시간씩 걸었는데, 나중에 알고 보니 길을 잃은 장소를 중심으로 불과 6킬로미터 안에서만 왔다 갔다 했다고 한다. 사람은 눈을 가리면 똑바로 걷지 못한다. 20미터를 걸으면 약 4미터 정도 간격이 생기며 100미터를 가게 되면 결국 원을 그리면서 돌게 된다고 한다. 다시 말하면 사람의 눈을 가리거나 사막과 같은 사방이 똑같은 곳을 걸으면 직선으로 가지 못하고 결국 제자리로 돌아오게 되는데 이런 현상을 '윤형방황(輪形彷徨)'이라고 한다.

청소년들은 사춘기에 이런 방황이 찾아오는 경우가 많

고, 주부들은 갱년기에 이런 현상이 나타나는 경우가 많다고 한다. 신앙생활에서도 이런 현상을 흔히 발견할 수 있는데 늘 새 출발을 결심하지만 제자리를 맴돌며 전진하지 못하는 모습이다. 노련한 여행자는 사막에서 길을 잃었을 때 윤형방황에 빠지지 않는 방법을 알고 있다고 한다. 그 중에 하나는 자신의 감각이나 경험을 의지하지 않고 오직 나침반만 보며 가는 것이요, 다른 하나는 칠흑같이 어두운 밤일지라도 더욱 밝게 빛나는 북극성을 보고 가는 것이며, 마지막 방법은 약 30보 걸어간 후 잠깐 멈추었다가 호흡을 가다듬고 뒤를 돌아보고 다시 출발하여 30보를 걸어서 가는 것이라고 한다.

우리 인생의 나침반은 돈이나 명예 그리고 세상의 지식이 아니라 우리의 '길'되신 예수님이다. 다윗은 '주의 말씀은 내 발에 등이요 내 길에 빛이라'(시 119:105)고 했다. 앞을 분간할 수 없는 어두움 속에 있을지라도 주의 말씀이 갈 길을 밝히 비추어주는 등불이라고 했다. 주의 말씀은 우리가 세상에 살 때 방황하지 않도록 바른 길로 인도하고, 생명의 길로 이끌어 준다.

047. 깨달음은 복이다

시라쿠사 왕 히에론은 금세공업자에게 금을 주고 왕관을 만들어 오게 했다. 그런데 왕관을 순금으로 만들지 않고 은을 넣어 금을 빼돌렸다는 소문이 퍼졌다. 이에 왕은 당시 수학자, 천문학자, 물리학자요 공학자인 아르키메데스에게 왕관이 진짜 순금으로 되었는지, 그것에 은이 섞였는지를 알아내라고 했다.

왕의 명령을 받은 아르키메데스는 자나 깨나 왕관에 대한 생각뿐이었다. 왕관에 대한 생각을 골똘히 하던 중에 우연히 공중목욕탕에 목욕을 하러 갔다. 그가 욕조에 들어갔는데 욕조의 물이 넘치는 것을 보고서 자기 몸의 부피와 같은 물이 욕조 밖으로 넘친다는 사실을 깨달았다.

그는 '유레카, 유레카'(알았다, 알았다)라고 외치며 알몸인 줄로 모르고 거리로 뛰어 나왔다는 유명한 일화가 있다. 이것이 바로 그 유명한 '아르키메데스의 원리'이다.

깨달음이란 생각하고 궁리하다가 알게 되는 것을 말한다. 깨달음은 복이다. 깨달음이 마음에 있으면 철이 나고, 깨달음이 행동으로 나타나면 새로운 것을 창조한다. 과학자들의 깨달음은 발명품으로 나타나서 사람들에게 편리함을 제공해 주고, 미술가들의 깨달음은 작품으로 나타나서 보는 이들을 행복하게 하고, 음악가들의 깨달음은 선율이 되어 듣는 이들을 즐겁게 한다.

시편의 저자는 "존귀하나 깨닫지 못하는 사람은 멸망하는 짐승 같도다"(시 49:20)고 했다. 인간은 깨닫고 돌이켜 바르게 사는 존재이지만 짐승은 그렇지 못하다. 가장 복된 깨달음은 이 땅에서는 부모의 은혜요, 위로는 하나님의 은혜이다. 바울을 골로새 교회의 성도들을 향하여 하나님의 은혜를 깨달은 날부터 너희 중에서와 같이 또한 온 천하에서도 열매를 맺어 자라고 있다고 했다(골 1:6). 그렇다. 말씀을 듣고 깨달은 날부터 신앙이 자라고 열매를 맺게 된다.

048. 깨져야 향기가 난다

〈사망의 골짜기를 다닐지라도〉의 저자 볼레터 스틸 크

럼리(Valetta Steel Crumley)는 남편과 세 자녀가 있었다. 그런데 첫째는 4살 때 백혈병으로 하나님의 부름을 받았다. 목사이면서 선교사였던 남편은 33세에 암으로 세상을 떠났다. 둘째와 셋째는 교통사고로 18세, 16세에 세상을 떠나고 말았다. 그러나 그녀는 좌절하지 않고 대만에 가서 선교를 하던 57세 되던 해에 살인범에게 성폭행을 당했다. 보통 사람 같았으면 자살하거나 미쳐 버렸을 것이다. 하지만 그녀는 하나님을 의지하고 더욱 자기 사명을 위하여 헌신했다.

크럼리는 자신의 삶을 통해 예수를 믿는 사람이라고 해서 불행에서 면죄되는 것은 아니지만 기가 막힌 환난 중에서도 하나님은 결코 그의 자녀들을 방치해 두지 않으시고 반드시 응답하신다는 것을 전하기 위해서 그 책을 쓰게 되었다고 했다.

이스라엘을 대표하는 3대 식물은 감람나무, 포도나무, 종려나무다. 감람나무가 많았던 산이 있었는데 바로 감람산이었다. 이 산은 예수님께서 자주 찾아가 기도하던 곳이었다. 이 감람산에 '기름을 짜는 틀'이란 뜻을 가진 그 유명한 겟세마네가 있다. 예수님께서는 그곳에서 땀방울이 핏방울이 되어 떨어질 때까지 자신을 깨뜨리시며 기도했다. 감람열매가 으깨질 때 감람유가 나오고, 포도가 으깨질 때 포도주가 나오고, 종려나무 열매 대추야자가 으깨질 때 값진 꿀이 되고, 마리아의 옥합이 깨질 때 향내가 온 집에 진동했다.

복음성가 중에 "부서져야 하리"라는 찬양이 있다. "부셔져야 하리 부셔져야 하리/ 무너져야 하리 무너져야 하리/ 깨져야 하리 더 많이 깨져야 하리/ 씻겨야 하리 깨끗이 씻겨야 하리/ 다 버리고 다 고치고 겸손히 낮아져도/ 주 앞에서 정결타고 자랑치 못할 거에요" 부서질 때 향기가 나는 법이다.

049. 나 하나쯤이야!

수레를 끄는 말 한 마리는 6톤 무게의 짐을 옮길 수 있다고 한다. 그러나 두 마리의 말이 함께 하면 23톤의 무게를 옮길 수 있다고 한다. 이를 '시너지 효과(synergy effect)'라고 한다. 바다거북은 산란기에 보통 500개 이상의 알을 낳아 모래 속에 묻어 둔다. 알에서 부화한 새끼들은 상호협력을 통해 모래를 뚫고 나온다. 맨 위쪽의 새끼들은 부지런히 머리 위의 모래를 걷어 내고, 옆의 새끼들은 끊임없이 벽을 허물고, 맨 아래 있는 새끼거북은 무너진 모래를 밟아 바닥을 다져 가면서 밖으로 나온다고 한다. 거북 알 하나를 묻어 놓으면 밖으로 나올 확률은 고작 25%에 불과한 반면 여러 개일 경우에는 거의 대부분 모래 밖으로 나온다는 것이다.

항아리 속의 게들은 홀로 있을 때는 모두 항아리 밖으로 기어 나올 충분한 역량이 있는데도 기어 나오지 못한다는 것이다. 그 이유는 게 한 마리가 기어 나오려하면 다른 게가 뒷다리를 물고 늘어지기 때문이다.

옛날 어느 왕이 큰 잔치를 베풀고서 음식은 왕이 마련하고 초대를 받은 사람들은 포도주 한 병씩만 가져오도록 했다. 잔칫날이 되자 사람들이 가져온 포도주를 큰 항아리에 모았다. 그런데 술이 맹물이었다. 그 이유는 모두 한결같이 '나 하나쯤이야.'라고 생각하고 포도주 대신 물을 가져왔기 때문이었다. 성도들이 함께하면 한 사람이 천을 쫓고, 두 사람이 만을 도망하게 하는 시너지 효과를 나타내지만 '나 하나쯤이야.'라고 생각하고 빠지면 아무것도 할 수 없게 된다(신 32:30).

050. 나뭇가지는 감당할 수 있는 정도만 진다

신학교를 다니면서 목회하던 시절, 여러 번 버스를 갈아타면서 학교와 목회지를 다녀야 했었다. 아침저녁으로 한 번씩 왕복하는 버스를 놓치기라도 하면 걸어서 가기도 하고, 때로 폭설이 오기라도 하면 버스는 다닐 수 없어서 걸어서 가야만 했다. 눈이 내리면 온 세상이 온통 은백의 세계로 변한다. 모든 더럽고 추한 것들까지도 덮어 아름답게 만든다. 폭설로 인하여 푹푹 빠지면서 가다 보면 길을 잘 분간할 수 없어서 길에서 벗어나 논이나 밭으로 들어가기도 한다.

길을 찾아서 가다 보면 아무도 없는데 갑자기 '퍽'하는 소리에 깜짝 놀랄 때가 있다. 나뭇가지 위에 쌓였던 많은 눈이 바닥으로 떨어지곤 한다. 때로 많은 양의 눈으로 인하여 소나무 가지가 부러지기도 하지만 나무가 쓰러지는 일은 거의 없다. 나무는 내린 눈이 가지에 쌓이면 적당히 가지를 휘면서 눈을 아래로 떨어뜨린다. 가지는 절대로 그 많은 눈을 다 짊어지지 않는다. 나무는 오직 감당할 만큼의 무게만 가지에 남긴다. 이것이 나무의 생존 지혜이다.

욕심이 많은 인간은 자기의 힘으로 감당할 수 없는 것까지 짊어지다가 쓰러지고 만다. 17세 때 하나님께서 그의 심장 기형과 불치병인 혈액 질환을 기적적으로 고쳐 주신 이래 65년 이상 섬긴 케네스 헤긴은 〈네 염려를 주께 맡겨라〉는 그의 책에서 나무가 '가지'를 늘어뜨려 눈을 떨어뜨려 자신을 보호하듯이 근심과 염려의 짐을 떨쳐 버리라고 조언한다. 우리들을 향하여 '무거운 짐을 내게 맡기라'(마 11:28)고 하신 대로 주님께 맡기고 사는 자가 복이 있다.

현재 우리나라는 북한의 핵실험과 미사일 발사로 인하여 위기가 날로 고조되고 있다. 어떤 전문가는 현 상황에서 '최악(worst)의 정책'은 예방적 군사공격이고, '더 나쁜(worse) 정책'은 핵 보유를 용인하고 북과 협상하는 것이며, 그나마 '나쁜(bad) 정책'은 현재의 대북정책을 보다 강력하게 밀어붙여 북한의 생각을 바꾸는 것이라고 했다.

솔로몬 당시에 두 여인이 산 아기와 죽은 아기를 데려와서 재판을 청했다. 두 여인은 모두 살아 있는 아기를 자기 아기라고 주장하고, 죽은 아기는 자기 아기가 아니라고 했다. 혈액형 및 유전자 검사를 하면 즉시 해결될 일이었지만 당시로서는 감히 생각할 수 없는 문제였다. 솔로몬은 두 아기를 모두 반씩 잘라서 나누어 가지라고 했다. 솔로몬은 두 여인에게 '가장 나쁜 선택'을 제안했을 때 살아 있는 아기의 생모는 자기 아기까지 죽일 수 없기에 자신이 엄마이기를 포기하고 그 아기를 그녀에게 주도록 하는 '나쁜 선택'을 했다.

사울이 왕이 되었을 때 블레셋과 전쟁을 치르게 되었는데 자신의 군사는 적은 반면에 블레셋의 군대는 해변의 모래같이 헤아릴 수 없이 많았다. 이에 사무엘에게 도움을 요청했지만 그가 정한 기간에 도착하지 않자 이스라엘 백성들은 숨었다가 흩어지게 되었다. 조급해진 사울은 제물을 가져오게 하여 자신이 직접 제사를 드렸다. 사무엘은 그의 행동을 책망하고 하나님으로부터 버림받는 심판을 자초했다고 했다. '가장 나쁜 선택'을 한 사울은 결국 버림을 받았다.

조슈아 피븐은 자신의 책 〈나쁜 것 vs 더 나쁜 것〉에서 어려운 선택을 할 경우에는 덜 나쁜 쪽을 선택하라고 했다. 우리 그리스도인들은 무엇이 더 나쁘고, 무엇이 덜 나쁜지를 판단하는 기준이 성경이어야 한다. 그리고 진리의 말씀을 따라 선택해야 한다.

052. 남자와 여자는 다르다

존 그레이가 쓴 〈화성에서 온 남자 금성에서 온 여자〉는 남자와 여자가 마치 다른 별에서 살다가 온 것처럼 서로 다르다는 것을 강조하고 있다. 남자와 여자는 똑같고 잘 맞아서 잘 사는 것이 아니라 서로 다르지만 조화를 잘 이루기에 잘 사는 것이다.

남자는 목표 지향적이라서 쇼핑을 할 때도 사냥을 하듯이 별로 망설이지 않고 살 것만 사고 쇼핑을 끝낸다. 그러나 여자는 과정 지향적이라서 사지 않을 것까지 물어보고, 만져 보고, 입어 본다. 그래서 남자와 여자가 함께 쇼핑을 가면 남자는 쇼핑 과정 때문에 스트레스를 받고, 여자는 그 남자 때문에 스트레스를 받는다. 남자는 결혼 전에는 여자에게 원하는 것이라면 하늘의 별까지도 따다가 주려고 한다. 그러나 결혼한 후에는 변했다는 말을 듣는다. 남자는 목표 지향적이라고 이미 달성한 목표에 대해서는 더 이상 열정을 기울이지 않는다. 마치 '잡은 고기가 어디 가나?'라면서 새로운 고기(목표)를 잡기 위해 심혈을 기울인다. 남자는 터널 시야를 가지고 있기 때문에 멀리 있는 것을 잘 본다. 그러나 여자는 주변 시야를 가지고 있기 때문에 주변 상황을 잘 본다. 남자는 시각과 후각에 영향을 많이 받고, 여자는 청각과 촉각에 영향을 많이 받는다. 그래서 남자는 누드에 약하고, 여자는 무드에 약하다고 한다.

우리는 하나님이 남자와 여자를 만드시고 보시기에 좋았다고 한 것을 받아들이고 상대방에게 '틀렸다.'고 생각하고 공격하기 보다는 '다르다.'고 생각하고 받아들일 때 행복은 시작된다.

053. 남편 기 살리기

어떤 집에 도둑이 들어오자 남편은 이불 속에서 누운 채, 아내에게 말했다. "방에 들어오기만 해 봐." 방에 들어오자 모기만 한 소리로 "방을 뒤지기만 해 봐." 물건을 다 훔친 후 나가자 큰소리로 "또 오기만 해 봐."라고 했다고 한다. 이는 큰소리를 쳤지만 나약하기 그지없는 남자들의 모습을 빗댄 우스개 이야기다.

기가 살아야 할 자가 어찌 이 사람뿐이겠는가? 또 다른 우스개 이야기가 있다. 40대 남편은 술 먹고 들어와 아침에 아내에게 '해장국 끓여 달라.'고 했다가 맞았고, 50대 남편은 외출 중인 아내에게 '언제 들어오냐?'고 전화했다가 맞았고, 60대 남편은 외출 준비 중인 아내에게 '어디 가느냐?'고 물어보았다가 맞았고, 70대 남편은 눈앞에서 얼씬거렸다가 맞았고, 80대 남편은 쳐다봤다고 맞았고, 90대 남편은 아침에 눈을 떴다고 맞았다고 한다.

요즘 아내들에게 인기 있는 남편은 집에서 한 끼도 안 먹는 '영식'이고, 그다음에는 집에서 한 끼만 먹는 '일식'이고, 그다음으로는 두 끼 먹는 '두식'이고, 마지막으로 제일 구박받는 남편은 집에서 하루 세 끼 먹는 '삼식'이라고 한다. 이런 말을 들으면 말도 안 되는 소리라고 할지도 모른다. 그러나 오늘날 세상이 이와 같이 달라졌다.

최초의 가정을 에덴에서 창조하신 하나님은 행복한 부부로서 사람들이 부러워하는 축복의 통로가 되기 위하여 "아내들이여 자기 남편에게 복종하기를 주께 하듯 하라"(엡 5:22), "자기 남편을 존경하라"(엡 5:33)고 했다. 남편과 기 싸움을 하는 아내보다는 남편의 기를 살려 주는 돕는 배필의 아내가 되어야 한다.

054. 남편을 팝니다

미국 캘리포니아주에 사는 한 주부가 남편을 싼값에 팔겠다는 이색 신문광고를 낸 것이 화제가 되었다. 주말이 되면 남편은 아내보다는 사냥이나 골프를 즐겼기 때문에 불만에 차있던 아내가 '남편을 염가로 양도함. 사냥 도구와 골프채 및 개 한 마리는 덤으로 드림'이란 광고를 냈다. 그 광고를 보고 많은 여성들로부터 60여 통의 전화가 왔다고 한다. 그런데 그 중에 남편을 구입하겠다는 사람은 하나도 없고, '남편이 살아있다는 것을 다행으로 여기라.'고 충고하기도 하고, '남편이 바람 안 피우는 것을 고맙게 여기라.'는 한 주부의 조언도 있었으며, '남편 말고 개만 줄 수 없느냐?', '골프채만 줄 수 없느냐?'는 사람들이 있었다고 한다.

남편이 있는 것보다 없는 것이 더 낫다고 여기는 아내가 있을지도 모른다. 결혼식장에 딸의 손을 잡고 들어갈 아빠가 필요해서 어쩔 수 없이 살아 준다는 생각으로 헤어지지 못한 채 울며 겨자 먹기로 살고 있을지도 모른다. 이와 같이 헤어지고 싶지만 체면 때문에 어쩔 수 없이 헤어지지 못한 채 살고 있는 부부를 '마네킹 부부', '쇼윈도 부부' 또는 '가면 부부'(display couple)라고 한다. 남편을 팔아 버리고 싶은 아내도 있고, 아내를 팔아 버리고 싶은 남편도 있을 것이다.

'나는 남편을 온전하게 내조하는 아내인가?', 혹은 '나는 아내를 생명을 내놓기까지 사랑하는 남편인가?'를 먼저 살펴야 할 것이다. "아내들아 남편에게 복종하라 이는 주 안에서 마땅하니라 남편들아 아내를 괴롭게 하지 말라"(골 3:18-19)는 말씀을 묵상하며 순종하는 자들이 되어야 한다.

055. 내 아버지의 뜻

맥스 루케이도가 쓴 〈토비아스의 우물〉에는 다음과 같은 이야기가 실려 있다. 사막 가운데 사는 한 마을의 사람들은 우물 주인인 토비아스가 물이 필요한 사람이라면 누구든지 쓸 수 있도록 거저 주었기 때문에 물 걱정을 하지 않고 살았다.

어느 날 토비아스는 그의 아들과 함께 먼 길을 떠나면서 우물 관리를 그의 종 엘제비르에게 맡기면서 사람들에게 물을 거저 주게 했다. 엘비제르는 처음 얼마 동안 주인의 뜻대로 모든 사람에게 즐거운 마음으로 물을 주었다. 얼마 지나지 않아 그는 자기에게 감사를 표하는 사람, 선물을 가져오는 사람에게만 물을 주었다. 사람들은 물을 얻기 위해 어쩔 수 없이 그의 눈 밖에 나지 않으려고 했다.

어느 날 우물가에 한 사람이 나타났다. 엘제비르는 그도 물을 얻으러 온 사람이려니 하고 거드름을 피웠다. 그러나 그 사람은 우물 주인인 토비아스의 아들이었다. 토비아스의 아들은 사람들에게 예전처럼 마음껏 물을 가져가도록 했다. 마을 사람들은 지금까지 엘제비르의 악행을 고발하며 그에게 물을 주지 말라고 청원했다.

토비아스의 아들은 '그에게도 물을 주는 것이 내 아버지의 뜻'이라며 그를 용서하고 물을 주었다. 토비아스의 아들은 그리스도를 닮은 성숙한 신자의 모습을, 엘제비르는 자기중심적인 미성숙한 신자의 모습을 보여 주고 있다. 우리 모든 그리스도인들은 예수 그리스도를 닮은 성숙한 성도로 자라야 한다.

056. 내 안에 살고 있는 괴물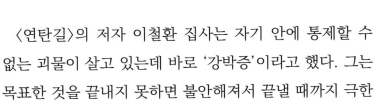

〈연탄길〉의 저자 이철환 집사는 자기 안에 통제할 수 없는 괴물이 살고 있는데 바로 '강박증'이라고 했다. 그는 목표한 것을 끝내지 못하면 불안해져서 끝낼 때까지 극한으로 몰고 간다고 한다. 끝낼 것을 끝내지 못하고 휴식하면 오히려 불안만 깊어지기 때문에 멈추지 못하고 미친 사람처럼 계속한다고 했다.

일반적으로 사람들은 기억하고 싶지 않은 상처 혹은 공포를 느꼈던 상황들을 기억에서 지워 버리고 잊으려 한다. 다시 말하면 의식의 영역 밖으로 몰아낸다. 하지만 그것들이 몸 밖으로 나가는 것이 아니라 무의식의 영역 속에 저장된다. 그런데 무의식의 영역 속에 저장된 부정적 감정이나 상처들이 적절한 상황을 만나면 괴물이 되어 의식 밖으로 튀어나온다. 휴화산처럼 조용하다가도 갑자기 활화산처럼 폭발하여 전혀 다른 사람의 모습을 보인다. 로버트 스티븐슨의 〈지킬 박사와 하이드〉에서 보여 주는 것처럼 전혀 다른 사람의 모습을 보이기도 한다. 바울도 자기 속에 거하는 죄 때문에 원하는 선을 행하지 아니하고 원하지 않는 악을 행한다고 탄식하면서 자신을 곤고한 사람이라고 했고, 자신이 마치 '사망의 몸'(시체와 묶어 있는 것) 같다고 했다(롬 7:19-25). 바울은 자신이 그리스도와 함께 십자가에 못 박혔다고 했으며(갈 2:20), 자신은 날마다 죽는다고 했고(고전 15:31), 생명의 성령의 법이 죄와 사망의 법에서 해방시켰다고 했다(롬 8:2).

당신 안에도 끔찍한 괴물이 살고 있는가? 그 괴물은 자기 자신이 십자가에 못 박혀 죽을 때 함께 죽는다.

057. 내가 먼저 변해야

군함 한 척이 달도 없는 깜깜한 밤에 항해를 하고 있었다. 그런데 정면에 불빛이 보였다. 군함 정면에 나타난 불빛을 보고 함장은 '방향을 서쪽으로 10도 돌려라.'는 무전을 보냈다. 그러자 상대로부터 '당신이 방향을 동쪽으로 10도 돌려라.'는 무전이 답신으로 왔다. 화가 난 함장이 "난 군함의 함장이다. 당장 방향을 바꿔라!"고 했더니 상대가 다시 신호를 보내왔다. "저는 해군 일병입니다. 절대 방향을 바꿀 수 없습니다." 화가 머리끝까지 난 함장은 최후의 신호를 보냈다. "이 배는 전함이다. 방향을 바꾸지 않으면 발포하겠다!" 그러자 상대도 마지막 신호를 보내왔다. "그래도 절대 바꿀 수 없습니다. 여기는 등대입니다."

그렇다. 상대에게만 변화라고 고집하면서 자신이 변하지 않으면 죽을 수도 있다. 앨빈 토플러는 미래사회에서 변화하지 않으면 몰락하게 된다고 했다. 부부관계에서도 상대방에게만 변하라고 고집하지 않아야 한다. 인간관계에서도 마찬가지이다. 누구든지 태어날 때부터 완벽한 사람은 없다. 그러므로 끊임없이 변하고 발전하고 성숙해야 한다. 변하지 않으면 '명품 인생'이 될 수 없다. 그리스도인들은 자신의 생각, 고집, 죄, 가치관 등을 모두 내려놓고 예수 그리스도를 역할 모델(role model)로 삼고서 마음을 새롭게 하여 변화를 받아 하나님께서 기뻐하시는 뜻을 분별하고 헌신하는 자들이다. 이와 같은 변화가 있을 때 '명품 그리스도인'이 된다.

058. 냄새 없는 방귀

어떤 사람이 진찰을 받기 위하여 병원을 찾아갔는데 의사는 그에게 어떻게 왔느냐고 물었다. 그는 방귀가 너무 자주 나오는데 전혀 냄새가 나지 않아서 왔다고 했다. 의사는 이 말을 듣고 진찰을 한 후에 하루에 한 알씩 먹는 처방 약을 주면서 다 먹은 후에 다시 오라고 했다.

며칠 후 그 사람은 다시 병원에 가서 "선생님, 전에는 방귀 냄새가 없었는데 이제는 방귀를 뀔 때마다 냄새가 너무 지독해서 못 살겠습니다. 저에게 무슨 처방을 해 주셨어요?"라고 물었다. 이에 의사는 "그 약은 방귀 냄새를 없애는 약이 아니라 냄새를 맡을 수 있도록 코를 치료하는 약이었습니다."라고 했다고 한다.

심방대원 중 한 권사님이 예배 중에 '뿡~'하고 풀피리 소리를 냈다. 그 권사님은 방귀가 나오려고 하자 무릎을 꿇고 발뒤꿈치로 항문을 막고 있었는데 발이 저려서 몸을 약간 비트는 사이에 가스가 새어 나오면서 낸 소리였다. 모두 깜짝 놀라고 얼마나 웃었는지 모른다.

보통 세균의 장내 활동을 통해 대장 안에는 이산화탄소, 수소, 메탄가스 등이 발생한다. 방귀는 장에서 발생하여 항문으로부터 배출되는 기체를 말한다. 일반적으로 성인의 경우에 보통 하루에 0.5~1.5리터의 방귀가 장내에서 발생하여 5~20번에 걸쳐 배출된다.

일반적으로 방귀는 냄새가 나는 것이 정상이다. 하지만 지독한 냄새의 방귀를 뀌면서도 코의 후각을 잃어버린 경우에는 그 냄새를 맡지 못한다. 죄를 지으면서도 양심이 고장이 나면 죄의 심각함을 깨닫지 못한다. 성경은 이런 사람을 '양심에 화인 맞은 사람'이라고 한다. 양심이 회복되면 죄를 죄로 깨닫고 마음을 찢으며 애통하게 된다. 애통하는 자는 복이 있나니 저희가 위로를 받을 것이라고 한 대로 주님은 그에게 한없는 위로를 주신다.

059. 냉수 마시고 속 차리자

자동차를 만들기 위해서는 약 2만 개 정도의 부품이 필요하고, 항공기를 만들려면 자동차의 약 10배 정도의 부품이 필요하다고 한다. 하지만 인간의 몸은 약 60조 개의 세포로 구성되어 있다.

몸에 산소와 영양분이 부족하면 심장이 빨리 뛰어서 그것을 채워 주고, 다 채워지면 천천히 뛴다. 체온이 높아지면 땀이 나게 되어 체온을 낮추고, 낮아지면 땀을 내지 않게 된다. 우리 몸은 심장박동, 체온 유지, 호흡 및 혈당 그리고 혈압 관리 등이 한 치의 오차도 없이 자동적으로 잘 이루어진다. 이 균형이 무너질 때 질병이라는 현상이 나타난다.

주부들은 압력밥솥에 밥을 지으면 차지고 맛이 좋은 밥을 먹을 수 있기에 애용하고 있다. 그 압력밥솥은 정상 압력보다 높아지면 밸브가 있어서 '치~익'하면서 압력을 빼주고, 압력이 낮으면 막아서 높여주므로 좋은 밥을 지을 수 있게 된다. 밥솥 안의 압력이 정상보다 높은데도 압력이 빠지지 않으면 그것은 밥솥이 아니라 폭탄이 되고 만다.

사람들의 마음속의 화 혹은 분노가 치밀어 오를 때 그것이 해소되지 않으면 폭탄처럼 위험하게 된다. 화가 나면 몸이 뜨거워지는 것은 아드레날린이 과하게 분비되기에 심장박동을 촉진시켜 피를 빨리 돌게 하기 때문이다. 아드레날린이 지나치게 분비되면 몸을 뜨겁게 할 뿐 아니라 몸에 해롭다고 한다. 전문가들은 음식에 따라 화를 촉진하는 경우도 있고, 화를 가라앉게 하는 경우도 있다고 한다. 그래서 "냉수 마시고 속 차려!"란 말대로 화가 날 때 냉수를 마시면 화를 식혀 주므로 냉수 마시고 속 차리는 것도 좋은 일이다. 그러므로 화가 날 때 다른 방법이 없다면 냉수라도 마시자.

060. 너무나 귀한 당신

태국의 수도 방콕에 '왓 트라밋'이라는 사원이 있다. 이 사원에는 3미터가 넘는 거대한 황금 불상이 있다. 황금 불상의 무게는 5.5톤, 돈으로 환산하면 약 1억 9천 6백만 달러(약 2,300억 원)나 된다. 이 불상은 진흙으로 덮여 있었기에 사람들은 이것이 황금 불상이라는 사실을 전혀 알지 못했다. 그런데 고속도로 공사로 인하여 이 불상을 옮기려는 순간 금이 가면서 그 모습을 드러내게 되었다. 수백 년 전 전쟁으로 인해 불상을 빼앗길 위기에 처하자 그것에 진흙을 입혔다고 한다.

많은 사람들은 자신의 소중함을 알지 못한 채 자신을 학대하고 함부로 굴린다. 어떤 이는 사람의 몸을 화학적으로 성분으로 분리하면 1만 원밖에 안 된다고 한다. 어떤 이는 고기로 팔면 10만 원밖에 안 된다고 한다. 어떤 이는 사람을 100만 원에 팔기도 하고, 어떤 이는 자신을 300만 원에 사 가라고 인터넷 사이트에 올리기도 했다.

우리 그리스도인들은 자신의 가치를 어떻게 생각하는

가? 우리 성도들은 주님께서 우리를 위해 친히 자신을 희생하여 구원할 만큼 엄청나게 소중한 존재이다. 우리가 가치 없는 존재였다면 주님께서 자신을 희생하여 우리를 구원하지 않았을 것이다. 자신의 가치를 높게 평가하는 사람을 '자존감이 높은 사람'이라고 하고, 자신의 가치를 낮게 평가하는 사람을 '자존감이 낮은 사람'이라고 한다.

우리 그리스도인들은 자존감이 높은 사람들이며, 무엇보다 생명을 소중히 여겨 한 영혼을 구원하기 위해 모든 희생을 아끼지 않는 사람들이다. 당신은 너무 귀한 분이며, 당신 곁의 이웃들도 너무 귀한 분들이다.

061. 높은 행복지수 vs 낮은 행복지수

백만장자와 거지 중에 누가 더 행복할까? 백만장자일지라도 불행하다고 생각하며 사는 사람이 있고, 가난한 사람일지라도 행복하다고 생각하며 사는 사람이 있다. 백만장자라고 해서 모두 행복한 것도 아니고, 가난한 사람이라고 해서 모두 불행한 것도 아니다.

미국의 경제학자 폴 사무엘슨(Paul A. Samuelson)은 행복을 규정하는 두 가지 요소는 바로 소유와 욕망이라고 했다. 소유가 많고 욕망도 큰 사람, 소유는 많은데 욕망은 적은 사람, 소유는 적은데 욕망이 큰 사람, 소유는 적은데 욕망도 적은 사람 중에서 누가 가장 행복지수가 높은가? 사무엘슨의 주장에 의하면 소유는 많은데 욕망이 적은 사람이 가장 행복하고, 소유는 적은데 욕망이 큰 사람이 가장 불행하다고 할 수 있다.

아무리 부자라고 할지라도 세상의 것을 소유하는 데는 한계가 있다. 그래서 많은 것을 가진 부자일지라도 세상의 욕망이 크면 행복지수가 떨어지고 행복하다고 생각하지 않게 된다. 일반적으로 돈이 많고, 좋은 차를 타고, 좋은 집이 있으면 행복해질 것이라고 생각한다. 그러나 그 돈과 차와 집을 가진 사람일지라도 그 소유에 비하여 욕망이 너무 크다면 오히려 행복지수가 낮아서 불행하다고 생각하게 된다.

사도 바울은 배부름과 배고픔과 풍부와 궁핍의 어떠한 형편에든지 자족함에 일체의 비결을 배웠다고 했다(빌

4:11-12). 바울은 세상에 대한 욕망이 적었기에 가진 것이 없었을지라도 행복하고 감사할 수 있었다. 소유를 늘림으로 행복지수를 높일 것인가, 아니면 욕망을 줄임으로 행복지수를 높일 것인가는 당신에게 달려 있다.

062. 누굴 닮아서 저럴까?

사진 찍기를 취미로 하는 사람들이 많이 있다. 시골 노인만을 찍는 사람도 있고, 계절을 따라 변하는 자연을 찍기도 하고, 아이들의 모습만을 찍는 사람도 있다. 자신의 모습을 사진에 남기는 취미를 가진 사람도 있고, 남의 모습만을 찍는 사람도 있다. 어떤 사람은 흑백 사진에 매료되어 그것만을 고집하는 이도 있고, 시대에 걸맞게 수백만 화소의 디지털을 선호하는 이도 있다.

대부분의 사람들은 여러 명이 함께 찍은 사진을 볼 때 먼저 자신의 모습이 어떻게 나왔는가 하고 살펴본다. 그리고 난 후에 다른 사람들은 어떻게 나왔는가 하고 살피는 것이 일반적이다. 이는 무엇보다도 자기 자신에게 관심이 많다는 것을 보여 주는 것이다. 나온 사진을 볼 때 자신의 모습이 잘못 나왔을 경우 대체적으로 두 가지 반응을 보인다. 하나는 자기는 사진을 찍으면 언제나 사진이 잘 나오지 않는다고 생각하는 경우이고, 다른 하나는 사진을 찍는 사람이 잘못 찍어서 그렇거나 사진기가 나빠서 그렇다고 여기는 경우이다. 자존감(self-esteem)이 낮은 사람은 항상 사진을 찍으면 자신의 모습은 못 나온다고 생각한다. 자기를 닮은 자녀들을 볼 때 자녀가 밉게 보일수록 자존감이 낮은 것이라고 한다. 이런 사람들은 자녀의 행동이나 말에서 자기와 똑같이 닮은 모습을 보일 때 혐오스럽고 소름끼치듯 싫게 느껴진다고 한다.

우리 성도들은 하나님의 형상을 닮은 소중한 존재이다. 예수 그리스도의 보혈을 대가로 지불하고 구원받은 자들이다. 우리는 쓸모없는 존재가 아니라 그리스도의 향기와 편지로 매우 소중한 존재이다. 주님께서 우리를 귀하게 여기고 있듯이 우리 스스로도 자신을 귀하게 여기고 살아야 한다.

063. 늑대 잡는 칼

에스키모들은 늑대를 잡기 위하여 칼을 날카롭게 갈아 그 칼날에 피를 묻혀서 땅에 꽂아 놓는다. 땅에 꽂힌 칼은 꽁꽁 얼어서 튼튼하게 고정되어진다. 늑대들은 피 냄새를 맡고 달려와 그 칼을 핥기 시작한다. 늑대의 따뜻한 혀가 칼에 얼어붙었던 피를 녹이게 되고 그 피를 핥아 먹게 되지만 점차 자신의 혀는 차가운 칼날에 감각을 잃어버리게 된다. 그래서 무뎌진 혀가 날카로운 칼날에 베어 피를 흘리게 되어도 자신의 혀에서 피가 나오는 것을 깨닫지 못한 채 계속 피를 핥다가 피를 모두 흘린 후 그대로 쓰러져 죽게 되고, 에스키모인은 죽어 있는 늑대를 주워 간다고 한다.

사탄은 그리스도인들을 넘어뜨리려고 곳곳에 피 묻은 칼을 세워 두고 있다. 신상언은 그의 책 〈사탄은 마침내 대중문화를 선택했습니다〉에서 사탄은 대중문화를 통하여 사람들을 쓰러뜨리고 있다고 경고했다. 세계적인 영성 신학자 리차드 포스터는 그의 책 〈돈, 섹스, 권력〉에서 이것들은 인간을 흥하게도 하고 또한 망하게도 한다고 했다.

　사탄은 곳곳에 '피 묻은 칼'을 세워 두고 있다. 인터넷 문화는 양날의 칼처럼 유용함과 해로움이 공존한다. 잘 사용하면 유익한 도구가 되지만 악성 댓글, 사이버 괴롭힘, 명예훼손, 사이버 스토킹, 허위사실 유포, 사생활 침해 등의 해로움이 있다. 그러므로 우리 성도들은 삶의 현장에서 자신을 잘 살펴서 시험에 빠지지 않도록 주의해야 한다(갈 6:1).

너희는 그 은혜에 의하여 믿음으로 말미암아 구원을 받았으니
이것은 너희에게서 난 것이 아니요 하나님의 선물이라
행위에서 난 것이 아니니
이는 누구든지 자랑하지 못하게 함이라

- 엡 2:8~9 -

PART

04

'나쁜학교'에서 일어난 일

: 다름과 틀림

064. 다름과 틀림

사람들에게 '+'를 보여 주면 수학적 사고를 가진 사람은 '더하기'라 하고, 성도들은 '십자가'라고 하고, 교통경찰은 '사거리'라고 하고, 간호사는 '병원'이라고 하고, 약사는 '녹십자'를 연상한다. 똑같은 것을 보면서 이와 같이 다르게 생각하는 것은 자신 입장에서 해석하기 때문이다. 그러나 이는 틀린 것이 아니고 다를 뿐이다.

감자를 삶을 때에 껍질을 벗겨서 삶는 사람도 있고, 껍질까지 함께 삶는 사람도 있다. 삶은 감자를 먹을 때에 설탕을 찍어 먹는 사람도 있고, 소금을 찍어 먹는 사람도 있고, 고추장에 찍어 먹는 사람도 있다. 성경책을 들고 다닐 때 왼쪽 가슴에 대는 사람도 있고, 오른쪽 가슴에 대는 사람도 있다. 이는 옳고 그름의 문제가 아니라 다름의 문제다.

일을 할 때도 미리미리 일을 시작하여 마감시간이 되기 전에 일을 끝내는 '조기착수형'(early start type)이 있고, 마감시간이 코앞에 닥칠 때에 몰아쳐서 일을 끝내는 '임박착수형'(pressure prompted type)도 있다. 조기착수형은 미리 계획을 세우고 충분한 시간 동안 수정과 보완을 거쳐 완벽하게 일을 끝내는 걸 효율적이라고 생각하기 때문에 '임박착수형'을 보면서 게으르다고 생각하고, 일을 비효율적으로 일을 처리한다고 말한다. 반면에 임박착수형은 일을 너무 일찍 시작해서 계속 스트레스를 받는 '조기착수형'을 보며 답답하다고 생각하고 일을 비효율적으로 일을 처리한다고 말한다.

"너희가 비판하는 그 비판으로 너희가 비판을 받을 것이요"(마 7:2)라고 한 대로 자신의 기준과 생각에 따라 판단하고 않고 서로 다름을 그대로 받아들이는 태도가 필요하다. 이는 자신의 판단과 결정도 완벽하지 않기 때문이다. 다름의 문제는 수용하고, 틀림의 문제는 바른 것을 선택하면 된다.

065. 다윗의 3대 실수

필자는 목회를 하면서 실수를 저지르는 때가 종종 있다.

찬송 3절을 부르다가 갑자기 4절을 안 부르고 혼자 마치고(?)는 머쓱해진 경우도 있다. 주기도로 예배를 마치겠다고 해 놓고는 그만 사도신경을 하는 경우도 있다. '권사님'을 '집사님'으로 잘못 호명하여 시험에 든 경우도 있다. 이와 같이 '실수'는 '조심하지 아니하여 잘못하는 것'을 말한다. 하지만 이 세상에 실수 없이 사는 사람은 아무도 없다.

하나님의 마음에 합당한 다윗도 실수를 저질렀다. 다윗의 생애에 있어서 치명적인 3대 실수를 꼽는다면 다음과 같다. 첫째로 통일왕국을 이루고 수도를 예루살렘으로 정한 후에 법궤를 옮길 때 수레에 실어 옮긴 일이다. 이 일로 인하여 웃사가 즉사하는 사건이 발생했다. 둘째는 목욕하는 밧세바를 보고서 음욕을 품고 밧세바를 데려다가 취하고 그의 남편 우리아를 전쟁터로 보내어 죽게 한 사건이다. 셋째는 다윗의 말년에 발생한 인구조사의 사건이다. 이 일로 인하여 하나님의 진노로 7만 명이 죽는 일이 발생했다.

알버트 아인슈타인은 한 번도 실수한 적이 없는 사람은

한 번도 새로운 것에 도전해 본 적이 없는 사람이라고 했다. 누구든지 실수를 한다. 그러나 어떤 사람은 그 실수를 디딤돌로 만드는 사람이 있고, 어떤 사람은 그 실수가 걸림돌이 되는 사람도 있다. 폴 베어 브라이언트는 실수를 유익한 기회로 만들기 위하여 첫 번째, 실수를 인정하라. 두 번째, 실수로부터 배우라. 세 번째, 실수를 반복하지 말라고 했다. 의인은 일곱 번 넘어지는 실수를 할지라도 주의 도우심으로 다시 일어나는 자이다(잠 24:16).

066. 다윗의 길과 여로보암의 길

내셔널 지오그래픽의 조사에 의하면 사람들은 매일 150번 정도의 선택할 상황에 놓인다고 한다. 그 중에서 30번 정도는 신중한 선택을 하기 위하여 고민을 하고, 5번 정도는 올바른 선택을 한 것에 대해 미소를 짓는다고 한다.

아침에 일어날 때 그냥 일어날까? 혹은 조금 뒤에 일어날까? 아침밥을 먹을까? 혹은 그냥 우유 한 잔만 마실까?

커피를 마실까? 혹은 녹차를 마실까? 점심은 백반으로 먹을까? 혹은 햄버거로 먹을까? 사람들은 매일 수많은 선택을 한다.

선택 분야에서 최고 전문가 중 한 사람으로 꼽은 쉬나 아이엔가는 다음과 같이 말했다. 사람은 'B'(Born, 출생)로 시작해서 'D'(Dead, 죽음)로 끝난다. 그런데 그 사이에 'C'(Choice, 선택)가 있을 뿐이라고 했다. 그의 말대로 삶의 매 순간이 선택의 연속이다.

솔로몬이 세상을 떠난 후 나라는 둘로 나누어져서 남쪽 유다와 북쪽 이스라엘이 되었다. 남유다에는 르호보암이 왕이 되었고, 북이스라엘에는 여로보암이 왕이 되었다. 이때 열 지파는 유산이 없다고 생각하고 여로보암을 선택했다(왕상 12:16). 그러나 두 지파는 유산이 있다고 생각하고 르호보암을 선택했다. 열 지파는 상황을 중시하여 선택했고, 두 지파는 언약을 중시하여 선택했다. 북이스라엘은 '여로보암의 길'을 걷게 되었고, 남유다는 '다윗의 길'을 걷게 되었다. '다윗의 길'은 하나님의 말씀을 따르는 신본주의의 길인 반면 '여로보암의 길'은 자기중심을 따르는 인본주의의 길이다. 성경에서 '다윗의 길'은 생명과 축복의 길로 말하고, '여로보암의 길'은 사망과 심판의 길이라고 말하고 있다(왕하 22:2,왕상 16:26). 우리 앞에 놓인 좁은 길과 넓은 길, 생명의 길과 사망의 길 중에 어느 것을 선택할 것인가?

067. 다윗의 진가

다윗의 아버지 이새는 아들 다윗의 잠재된 능력을 모르고 있었다. 그래서 선지자 사무엘이 자기 집을 심방했을 때 그를 들판에서 양을 돌보는 일을 하도록 내버려 두었다. 다윗은 그의 능력이 나타나기 전에는 여러 사람들에게 무시를 당했다. 그의 아버지 이새는 사무엘에게 "아직 막내(다윗)가 남았는데 그는 양을 지키나이다"(삼상 16:11)라고 했다. 다윗은 아버지 이새로부터 무시를 당했다.

큰형 엘리압은 다윗에게 "노를 발하여 이르되 네가 어찌하여 이리로 내려왔느냐 들에 있는 양들을 누구에게 맡

겼느냐 나는 네 교만과 네 마음의 완악함을 아노니 네가 전쟁을 구경하러 왔도다"(삼상 17:28)라고 했다. 다윗은 이와 같이 큰형 엘리압으로부터도 무시를 당했다.

블레셋 장수 골리앗도 "다윗을 보고 업신여기니"(삼상 17:42)라고 했다. 다윗은 골리앗으로부터도 무시를 당했다.

대체적으로 사람들은 자기 자신에 대하여 잘 알고 있다고 생각한다. 그러나 '나'라는 존재는 '자신이 알고 있는 나'가 있고, '자신도 알지 못하는 나'가 있고, '다른 사람이 알고 있는 나'가 있고, '다른 사람도 알지 못하는 나'가 있다. 하지만 어느 누구도 우리 자신에 대하여 잘 알지 못한다. 그러나 다윗은 '나의 생각', '나의 모든 길과 눕는 것', '나의 모든 행위', '나의 혀의 말'까지 하나님께서 모두 알고 계심을 깨달았으며(시 139:1-4), 그는 그 하나님을 끊임없이 의지했다(시 18:29). 그 결과 다윗은 자신을 잘 알고 계시는 주님을 의지하여 자신의 진가를 막힘없이 드러낼 수 있게 되었다.

068. 나이가 들수록 존경의 소통이 필요하다

노부부가 가파른 언덕을 오르고 있었다. 할머니가 힘이 없다며 할아버지에게 자기를 업어 달라고 했다. 할아버지는 어쩔 수 없이 할머니를 업었다. 그런데 등에 업힌 할머니가 미안해서 귓속말로 "무겁지요?"라고 물었다. 그러자 할아버지는 담담한 목소리로 대답했다. "그럼! 무겁지. 얼굴은 철판이고, 머리는 돌이고, 간땡이는 부었으니 무겁지."

이번에는 지친 할아버지가 말했다. "이제 할멈이 나 좀 업어 줄래?" 할머니는 기가 막혔지만 그래도 할아버지를 등에 업었다. 그러자 할아버지가 "어때? 생각보다 가볍지?"라고 물었다. 이에 할머니는 "가볍지. 머리는 텅 비었고, 허파는 바람만 들었고, 양심도 없고, 싸가지도 없으니 가벼울 수밖에."

우리들에게 익숙한 "잘했군 잘했어"라는 노래가 있다. 그 가사를 보면 "영감 왜 불러/ 뒷뜰에 뛰어 놀던/ 병아리 한 쌍을 보았소/ 보았지/ 어쨌소/ 이 몸이 늙어서 몸보신 하려고 먹었지/ 잘했군 잘했어/ 잘했군 잘했군 잘

했어/ 그러게 내 영감이라지" 이는 영감과 할멈이 장단을
맞추어 주거니 받거니 부르는 노래이다.

나이가 들수록 존경의 소통이 필요하다. 부부라고 할
지라도 공감의 소통이 필요하다. 가정 상담가 딘 마틴은
아내들에게 '당신은 좋은 남편을 만났다고 생각하는가?'
라는 질문을 했다. 이에 결혼 1년이 지난 아내들은 98%
가 '예'라고 대답했고, 2년이 지난 아내들은 절반 조금 넘
는 56%만 '예'라고 대답했고, 10년이 지난 아내들은 겨
우 6%만 '예'라고 대답했고, 20년이 지난 아내들은 무려
95%가 '예'라고 했다고 한다. 딘 마틴은 부부가 상대를
이해하고 서로 하나가 되려면 적어도 20년은 걸린다고
했다. 〈사랑하면 통한다〉의 저자 박재연은 바른 소통은
진실한 사랑이 기초할 때 가능하다고 했다.

069. 당신은 지금 어떤 보험을 들었는가?

금융감독원에 따르면 우리나라 국민 1인당 3.6개

(2014년 6월말 현재)의 보험에 가입한 것으로 나타났다. 급속한 고령화에 따라 보험 상품이 노후 대비 수단으로 각광받고 있는 것이다. 암보험을 든 사람 중에 암에 걸린 사람이 많은가? 걸리지 않은 사람이 많은가? 당연히 암에 걸리지 않은 사람이 더 많다. 하지만 암에 걸릴 것을 대비해서 보험을 든다. 교통사고를 낸 사람이 많은가? 교통사고가 나지 않은 사람이 많은가? 당연히 자동차보험을 들었을 지라도 사고를 당하지 않은 사람이 많다. 그러나 사고가 발생하지 않았을지라도 사고에 대비하여 보험을 든다. 인간은 누구든지 미래를 대비하는 지혜를 가지고 있다.

인간은 누구든지 한 번은 죽는다. 당신도 언제인지는 모르지만 반드시 죽게 됨에도 불구하고 죽음에 대한 준비를 전혀 하고 있지 않거나 소홀하게 여기는 사람들이 많다. 암에 걸리지 않았을지라도 암보험에 가입하고, 자동차 사고가 나지 않을지라도 보험은 들면서 죽음이 100% 다가오는데 인생 보험을 들지 않는 사람들이 많다.

"주 예수를 믿으라 그리하면 너와 네 집이 구원을 받으리라"(행 16:31)고 했다. 어떤 사람은 선한 일을 하면 영생을 얻는 줄로 안다. 또 어떤 사람은 종교생활을 열심히 하면 되는 줄로 안다. 천국에서의 영생은 행위에서 난 것이 아니다. 길과 진리와 생명이 되신 예수 그리스도를 통하지 않고서는 아무도 하나님께로 갈 수가 없다. 오직 예수 그리스도에 대한 '믿음'만이 가장 확실한 천국영생보험이다.

070. 당신은 하나님의 작품이다

스페인의 유명한 화가 피카소의 작품 중에 '황소 머리'라는 것이 있다. 이 작품은 피카소의 예술성과 독창성이 가장 잘 드러난 것으로 평가되고 있으며, 런던 경매시장에 약 삼백 억 원에 팔렸다. 이 작품은 1943년 길을 가던 피카소가 우연히 버려진 자전거 한 대를 발견하고 그 자전거에서 안장과 핸들을 떼 내어 안장으로 머리를 만들고, 핸들로는 뿔을 만들었던 것이다. 길가에 버려진 채 아무도 주목하지 않았던 하찮은 쓰레기도 누구의 손길이 닿느냐에 따라 전혀 다른 모습과 가치를 지니게 되었다.

1986년 11월 미국 애리조나주에 살고 있던 보석상 스미스는 우연히 수석 전시회에 들렀다가 15달러짜리 가격표가 매겨진 돌멩이를 보고 깜짝 놀랐다. 그 돌멩이가 보통 돌이 아니라 사파이어 원석이었기 때문이다. 스미스는 주인에게 '이것이 정말 15달러냐?'고 묻자 주인은 비싸다는 말인 줄 알고 5달러를 더 깎아 주었다. 그는 두말없이 그 돌을 10달러에 사 가지고 돌아와서 가공하여 목걸이와 팔지, 반지 등을 만들어 팔았다. 그가 그 돌멩이로 번 돈은 자그마치 228만 달러(약 27억 원)였다. 보석의 가치를 몰랐던 사람에게 원석은 기껏해야 10달러짜리 돌멩이에 지나지 않았지만 그 가치를 알아보는 사람에게는 228만 달러짜리 보물 덩어리였다.

　　사람도 마찬가지다. 누구에 의해 다듬어지느냐에 따라 가치가 달라진다. 낡고 추한 쓰레기 인생도 하나님께서 만지기 시작하면 가치 있는 인생으로 변한다. 사도 바울은 "우리는 하나님의 작품"(새번역, 엡 2:10)라고 했다. 여기서 '우리'는 바울을 비롯하여 에베소 교인들을 모두 포함하는 말이다. 더 나아가 '우리'는 그리스도를 믿는 우리 모든 성도들을 가리키는 말이다.

071. 당신의 가치는 얼마인가?

한 청년이 '사람의 가치는 과연 얼마나 될까?'라는 생각을 하다가 스승을 찾아가 물었다. 스승은 서랍에서 돌을 꺼내 주면서 팔지는 말고 시장에 다니면서 얼마나 되는지 물어보고만 오라고 했다. 그 청년은 돌을 들고 나가서 반찬가게 주인에게 돌 값을 물었더니 그는 오이지 담글 때 누르면 좋겠다며 500원 준다고 했다. 철물점 주인에게 물었더니 1,000원 이상은 안 주겠다고 했다. 옷가게 주인은 1만 원을 준다고 했고, 정육점 주인은 3만 원을 준다고 했다. 마지막으로 보석상에 들렀는데 그는 이 돌은 세상에 하나밖에 없는 귀한 보석으로 값을 매길 수 없을 정도로 귀한 것이니 자기에게 팔라고 했다. 같은 돌이라고 할지라도 보는 사람에 따라 다르다.

해부학 교수 해리 몬슨(Harry Monsen) 박사는 체중이 70kg인 사람은 비누 7개 정도의 지방, 석회 12kg, 성냥 2,200개비 분량의 인, 길이 2.5cm의 못을 만들 수 있는 철, 한 숟가락 분량의 유황, 비철금속 30g 정도가 나오는데 돈으로 치면 대략 6,000원어치에 불과하다고 했다. 유전학자에 의하면 같은 부모로부터 똑같은 아이가 다시 태어날 확률은 1/102,000,000,000(10의 20억 제곱분의 1)이라고 한다. 이 숫자를 손으로 쓰려고 하면 밤낮 70년은 걸린다고 한다. 인간은 똑같게 태어날 확률이 거의 없는 단 하나뿐인 '걸작품'인 것이다. 하나님께서는 우리 인간의 가치를 자기 아들 예수 그리스도를 죽여 살릴 만큼 온 천하보다 귀한 존재로 보고 계신다(막 8:36).

072. 당신이 쓴 책은 몇 권인가?

사람은 살면서 수많은 말을 하는데 보통 한 살이 되었을 때에는 대략 5개의 단어, 2세 때에는 260개의 단어, 3세 때에는 800개의 단어, 5세 때에는 약 2,000여 개 단어의 말을 할 수 있다고 한다. 성인이 되면 하루에 한 남자가 쓰는 단어가 평균 2만 5,000개 단어나 된다고 하고, 여자는 말이 더 많아서 3만 개 단어쯤 사용한다고 한다. 1년 동안 자신이 사용한 말을 책으로 내면 4백 페이지에 달하는 책을 132권 만들 수 있다고 하니 참으로 놀랍다.

지금까지 자신의 말을 책으로 계산하려면 자신의 나이와 곱하면 된다. 말에는 살리는 말도 있고, 죽이는 말도 있다. 말에는 세워 주는 말도 있고, 무너뜨리는 말도 있다. 말에는 칭찬하는 말도 있고, 비난하는 말도 있다. 말에는 기분 좋게 하는 말도 있고, 짜증나게 하는 말도 있다. 이는 말이 상대방에게 영향을 주기 때문이다.

　사람은 16세까지 자신에 관해 17만 3,000개의 부정적인 메시지를 받는 반면 긍정적인 메시지는 1만 6,000개에 지나지 않는다고 한다. 하루 평균 29.6개의 부정적인 메시지에 겨우 2.7개의 긍정적인 메시지를 받는 셈이다. 대체적으로 긍정적인 말과 부정적인 말 중에 어떤 말을 더 기억하는가를 실험해 보았더니 66%가 나쁜 말을 더 많이 기억했다고 한다. 부정적인 말은 부정적인 사고를, 긍정적인 말은 긍정적인 사고를 갖도록 영향을 끼친다. 당신이 지금까지 말로 쓴 책에는 어떤 내용이 있을까? 사람이 무슨 말을 하든지 심판 날에 이에 대하여 심문을 받으리라고 했다(마 12:36).

073. 대화 구조의 차이

　아내는 남편이 혼자 문제를 안고 끙끙거리는 것을 보면 '다 털어 놓으면 후련해질 텐데.'라는 생각에 다가가서 다 말해 보라고 재촉한다. 그러나 남편으로부터 '제발, 나 혼자 있도록 내버려 두라.'는 이해할 수 없는 대답만을 듣게 된다. 여자는 스트레스를 받거나 문제가 심각해지면 말을 해서 그것을 해소하려고 한다. 억압되거나 불쾌한 감정을 누군가에게 털어놓게 되면 속이 후련해지기 때문이다. 이를 흔히 '정서적 환기 효과'라고 한다. 그러나 남자는 스트레스를 받으면 오히려 말을 하지 않고 침묵하면서 해소하려고 하는 데 이를 '정서적 침묵 효과'라고 한다.

　남자는 하루에 7천 마디 정도의 말을 하지만 여자는 2만 마디 정도의 말을 하며 산다. 남자의 입장에서 보면 여자들은 말을 많이 하는 존재로 보이고, 여자의 입장에서 보면 남자들은 말을 적게 하는 존재로 보이는 것이다. 여자는 과정 지향적이라서 작고 사소한 일까지도 모두 말하는 반면 남자는 결론 지향적이기에 과정보다 결론에 관심을 더 갖는다. 그래서 남편은 아내가 다가와 말을 하면 참지 못하고 '말하려는 것이 뭐야?', '그러니까, 결론이 뭐야?'라고 한다. 남자는 큰 사건도 한 마디로 요약하는 능력이 있는 반면에 여자는 적은 일도 소설처럼 길게 늘이는 능력이 있다. 같은 집에서 같은 음식을 먹고 같이 살아도 남자와 여자는 전혀 다른 존재이다.

074. 대화의 등급

동서양을 물론하고 말에 대한 속담이 참으로 많다. 예를 들면 '말 한마디에 천 냥 빚을 갚는다.', '가는 말이 고와야 오는 말이 곱다.', '가는 방망이, 오는 홍두깨', '웅변은 은이요 침묵은 금이다.'라는 등의 속담들이 있다.

피조물 중에서 인간은 말을 통해 대화를 한다. 존 포엘(John Powel)은 대화에도 의례적인 대화, 정보를 나누는 대화, 자기 생각을 드러내는 대화, 자기의 감정을 나누는 대화, 신뢰가 형성되는 사랑의 대화의 다섯 가지 등급이 있다고 했다. 제일 낮은 등급인 5등급 대화(길거리 대화)는 '안녕하세요?', '어디 가세요?'라고 상투적으로 나누는 대화이다. 4등급 대화(정보 대화)는 정치, 경제, 사회, 문화에 대한 정보를 교환하는 대화이다. 3등급 대화(생각 대화)는 자신의 생각까지 나누는 대화이다. 2등급 대화(감정 대화)는 자신의 느낌이나 감정을 나누는 대화이다. 1등급 대화(인격 대화)는 자신의 감정, 느낌, 생각을 걸림돌 없이 나눌 수 있는 신뢰가 형성되는 깊은 사랑의 대화이다. 그래서 침실 대화라고 할 수 있다. 부부 간에도 낮은 등급의 대화만 하고 깊은 대화를 나누지 못하는 경우가 많다. 그래서 평생을 같이 살아도 '당신은 도무지 알 수가 없어.'라고 투덜대기도 한다. "경우에 합당한 말은 아로새긴 은 쟁반에 금 사과"(잠 25:11)라고 했다. 이런 경우를 '금상첨화'라고 한다.

당신의 가정은 가족끼리의 대화의 급수를 매긴다면 몇 급 정도인가? 세월이 흐를수록 대화의 급수가 올라가고 나이를 먹을수록 대화가 성숙되어야 한다.

075. 돈과 행복은 비례하는가?

미국의 하버드대학교 학생 1,500명을 대상으로 자신의 전공을 선택한 이유에 대하여 조사한 결과 무려 1,225명이 '돈' 때문이라고 응답했다. 적성을 따라서 전공을 선택한 학생은 고작 245명에 불과했다. 그들에게 '돈을 벌면 행복할 것 같은가?'라는 질문에 전자는 제대로 대답하지 못한 반면 후자는 자신 있게 행복할 것 같다고 응답했다.

일반적으로 경제력이 좋아질수록 삶의 수준이 높아진다. 그렇다면 경제력이 높아질수록 행복지수도 함께 높아지는가에 대한 조사도 있었다. 40여 개 국에서 국가당 1,000명을 대상으로 재산과 생활만족도에 대한 조사를 했다. 연구 결과에 따르면 비교적 빈곤한 국가의 경우에 경제력의 증가가 생활만족도에 직접적인 영향을 주는 것으로 나타났다. 그러나 국민총생산이 8,000달러를 넘어선 경우에는 경제력의 증가와 생활만족도가 지속적으로 증가하지 않는 것으로 나타났다.

많은 사람들이 돈(경제력)이 많아지면 많아질수록 행복

해질 것이라고 생각하지만 돈이 많아진다고 해서 그것에 비례해서 행복이 증가하지 않는다. 돈이 곧 행복이라고 생각하는 사람이 있다. 그들은 돈이 많으면 행복할 것이라고 생각하기 때문에 지금 행복하지 않은 것은 돈이 적기 때문이라고 생각한다. 그래서 그들은 할 수만 있으면 더 많은 돈을 벌려고 한다. 그들은 가난하지만 행복하다고 말하는 사람을 이해하지 못한다.

"비록 무화과나무가 무성하지 못하며 포도나무에 열매가 없으며 감람나무에 소출이 없으며 밭에 먹을 것이 없으며 우리에 양이 없으며 외양간에 소가 없을지라도 나는 여호와로 말미암아 즐거워하며 나의 구원의 하나님으로 말미암아 기뻐하리로다"(합 3:17-18)라고 고백하는 하박국을 더욱 이해하지 못한다.

076. 돈보다 더 귀한 것

하버드 대학생들을 상대로 두 가지 경우에서 하나를 선

택하라는 실험을 했다. 하나는 연평균 소득이 2만 5천 달러인 세상에서 자신은 5만 달러를 버는 경우이고, 다른 하나는 연평균 소득이 20만 달러인 세상에서 자신은 10만 달러를 버는 경우였다. 하버드 대학생들은 어떤 경우를 선택했을까? 대부분이 전자를 선택했다고 한다. 〈얼마나 있어야 충분한가(How Much Is Enough?)〉의 저자인 로버트 스키델스키(Robert Skidelsky)와 에드워드 스키델스키(Edward Skidelsky) 부자(父子)는 사람들에게 중요한 것이 '절대적 소득'이 아니라 '상대적 소득'이라고 말한다.

한국갤럽과 글로벌마켓인사이트와 함께 우리 한국을 포함하여 세계 10개국의 사람들에게 '돈과 행복에 관한 조사'(2011년)를 했다. 조사 결과 우리나라는 10명 중 9명 이상이 돈과 행복은 관계가 있다고 했다. 그런데 미국과 호주는 10명 중 8명이 관계가 있다고 했으며, 핀란드는 10명 중 7명이 관계가 있으며, 덴마크와 인도네시아는 10명 중 5명이 관계가 있다고 했다.

그렇다면 돈이 행복과 관계가 있을까? 돈과 행복의 통계조사들을 살펴보면 먼저 소득이 2만 5천 달러까지는 돈이 행복에 적지 않은 영향을 미치는 것으로 나타났다. 그런데 소득이 2만 5천 달러가 넘어가면 소득의 향상만큼 행복이 크게 늘지 않는다는 것이다. 5만 달러를 버는 사람들이 2만 5천 달러를 버는 사람들보다 두 배로 행복하지 않았다. 소득이 7만 5천 달러가 되면 돈과 행복의 상관관계는 아주 적은 것으로 나타났다.

잠언은 재물보다 지혜와 명철을 얻는 자가 더 복되다고 했다. 이것을 얻으면 '오른손에 장수(長壽)가 있고, 왼손에 부귀(富貴)가 있고, 그 길은 즐거운 길이요 평강이라'고 했다(잠 3:13-17).

077. 돼지 셈법

돼지 형제 10마리가 소풍을 가다가 시내를 건넌 뒤 모두 잘 건넜는지 보려고 수를 세어 보니 9마리뿐이었다. 다른 돼지가 세어 보아도 9마리였다. 또 다른 돼지가 세어도 9마리였다. 돼지들은 한 마리가 죽은 줄 알고 우는

데 지나던 사람이 왜 우느냐고 물었더니 집에서 나올 때는 10마리였는데 지금 우리 모두 번갈아 세어 보았는데 9마리밖에 없어서 그렇다고 했다. 그래서 그 사람이 돼지 수를 세어 보니 모두 10마리였다. 돼지들이 셀 때마다 자기는 빼고 세었기 때문에 9마리였다. 이것을 우리는 흔히 '돼지 셈법'이라고 한다. 이 말을 돼지가 들으면 화를 벌컥 낼 것이다. 왜냐하면 돼지들은 '우리는 아예 수를 셀지도 모릅니다.'라고 할 것이다.

이 우스개 이야기는 돼지들의 어리석음을 탓하는 것이 아니다. 돼지들은 이 이야기를 알지도 못하고, 말해 주어도 듣지도 못한다. 이것은 어리석은 사람, 자기중심적인 사람들을 위한 이야기이다.

가나안에 정착한 후 사사들이 통치하던 시대의 사람들은 '자기 소견에 옳은 대로 행하는 것'이 지혜인 줄 알았다. 자기 소견에 옳은 대로 각종 우상을 선택하여 섬기고, 제멋대로 살았다. 당시 사람들은 하나님의 말씀과 뜻을 무시하고 자기중심적으로 생각하고 행동하는 인본주의는 하나님과 원수가 됨을 깨닫지 못했다. '육신의 생각은 하나님과 원수가 되나니 이는 하나님의 법에 굴복하지 아니할 뿐 아니라 할 수도 없음이라'고 했으며, 육신의 셈법을 따르면 하나님을 기쁘시게 할 수도 없으며 사망에 이르고 만다(롬 8:5-8).

078. 돼지처럼 먹지 마

예로부터 학(두루미)은 천년을 산다고 하여 신성하게 여기고 장수를 상징하는 동물이 되었다. 학은 음식을 먹을 때 위장의 70% 정도만 먹으면 더 이상 먹지 않는다고 한다. 먹이를 너무 많이 먹으면 몸이 무거워 제대로 날 수가 없고, 너무 적게 먹으면 에너지가 부족하여 제대로 활동할 수 없기 때문이다.

음식을 게걸스럽게 많이 먹는 모습을 보고 흔히 "돼지처럼 먹지 마."라고 말을 한다. 이 말을 듣는 돼지는 어떨까? 돼지는 학처럼 멀리 날아갈 필요도 없고, 표범처럼 빨리 달려야 할 필요도 없기 때문인지 위장의 100%를 먹으면 더 이상 먹지 않는다고 한다. 그런데 인간은 맛있는 음식을 보면 "배가 불러서 죽겠네."라고 하면서도 위장의 120%까지 더 먹을 수 있다고 한다. 이와 같은 인간이 '돼지처럼 먹지 마.'라고 하면 돼지가 비웃을 것이다.

위장은 음식을 먹으면 팽창되고, 음식이 소화되어 내려가면 수축한다. 음식을 너무 많이 섭취하면 과도하게 팽창되고, 음식을 너무 적게 먹으면 지나치게 수축되어 위장이 스트레스를 많이 받게 되어 많은 질병에 시달리게 된다. 많이 먹어도 배가 고프다는 사람이 있고, 적게 먹어도 배가 부르다는 사람이 있다. 음식의 양은 사람마다 기초대사량(BMR, Basal Metabolic Rate)이나 노동의 시간과 활동량이 다르기 때문에 똑같지 않다. 요즘 많은 사람들이 '무엇을 먹을까?'하면서 고민을 할 때 우리 성도들은 "사람이 떡으로만 살 것이 아니요 하나님의 입으로부터 나오는 모든 말씀으로 살 것이라."(마 4:4)는 말씀을 고민을 하며 살아야 한다.

079. 두 날개로 날자

다윗은 물맷돌로 블레셋 거인 골리앗을 쓰러뜨렸다. 당시의 상황을 "손을 주머니에 넣어 돌을 취하여 물매로 던져 블레셋 사람의 이마를 치매 돌이 그의 이마에 박히니 땅에 엎드러지니라"(삼상 17:49)고 기록하고 있다. 성경은 다윗의 동작을 나타내는 '넣어', '취하여', '던져', '치매'라는 단어는 연속적인 동작 곧 자연스럽고 익숙하게 돌을 던져 골리앗을 쓰러뜨렸음을 보여 준다. 즉 다윗은 물매로 돌을 던지는 일에 전문가였다.

2008년 「월스트리트저널지」가 세계에서 가장 영향력 있는 경영사상가 10인 중 한 사람으로 선정한 말콤 글래드웰은 '1만 시간의 법칙'을 제시했다. 운동선수나 연주자는 1만 시간을 연습하면 전문가가 되고, 8천 시간을 연습하면 잘하는 사람이 되고, 4천 시간을 연습하면 어느 정도 하는 사람이 된다고 했다.

다윗 시대에 대부분의 목동들은 물맷돌 던지기 선수들이었다. 다윗은 들판에서 양을 치면서 물맷돌 던지기 선수(전문가)가 되었다. 여기에 '영성'이 추가되었다. 물론 처음부터 깊은 영성이 있었던 것은 아니지만 고난의 광야를 거치면서 하나님과 친밀한 관계가 형성되었다. 세상에 영향력을 끼치는 하나님의 사람이 되려면 '영성'과 '전문성'의 두 날개가 있어야 한다. 영성은 하나님과의 친밀한 관계를 통하여 형성되고, 전문성은 새로운 지식의 습득과 반복훈련을 통하여 이루어진다.

080. 두 종류의 근심

'기우'(杞憂)라는 말이 있다. 이는 '기인지우'(杞人之憂)의 줄임 말로서 '기(杞)나라 사람의 걱정'이란 말인데 '쓸데없는 걱정', '헛된 걱정', '무익한 걱정'을 말한다. 주왕조(周王朝) 시대에 기(杞)나라에 쓸데없는 걱정을 하는 사람이 있었다. 그는 '만약 하늘이 무너지거나 땅이 꺼진다면 몸을 둘 곳이 없지 않은가?'라는 걱정을 하느라 밤에 잠도 못 이루고 음식도 제대로 먹지 못했다. 그의 친구들이 '저러다 죽지 않을까?' 걱정이 되어 그에게 말해주므로 비로소 마음을 놓았다고 한다.

어니 J. 젤린스키는 그의 책 〈느리게 사는 즐거움(Don't Worry, Be Happy)〉에서 우리가 하는 걱정거리의 40%는 절대 일어나지 않을 사건에 대한 것이고, 30%는 이미 일어난 사건에 대한 것이고, 22%는 사소한 사건에 대한 것이고, 4%는 우리가 바꿀 수 없는 사건에 대한 것이고, 나머지 4%는 우리가 대처할 수 있는 진짜 사건이다. 다시 말해 96%의 걱정거리는 쓸데없는 것이라고 했다.

우리가 하는 근심 중에는 회개와 구원을 이루는 '하나님의 뜻대로 하는 근심'이 있고, 사망에 이르게 하는 '세상 근심'이 있다(고후 7:10). 예수님은 제자들을 향하여 "너희는 마음에 근심하지 말라 하나님을 믿으니 또 나를 믿으라"(요 14:1)고 했다. 예수님은 제자들에게 사망에 이르게 만드는 '세상 근심'을 하지 말라고 한 것이다. 기(杞)나라의 사람만 근심하는 것도 아니고, 제자들만 근심하는 것이 아니다. 믿음으로 산다고 하는 그리스도인들도 근심하지만 필요한 근심 외에는 모두 떨쳐버려야 한다.

081.뒷담화

영국인 한 사람은 바보이나 두 사람이 모이면 스포츠광이 되고, 세 사람이 모이면 대영제국(大英帝國)이 된다고 한다. 한국인은 혼자 있을 때는 선비가 되고, 두 사람이 모이면 정치가가 되며, 세 사람이 모이면 험담을 한다는 얘기가 있다. 직장인 1,023명을 대상으로 조사한 결과에 의하면 직장인 5명 중 3명 정도는 하루 30분 이상 뒷담화로 시간을 보낸다고 한다.

'뒷담화'는 당사자가 없는 데서 그를 험담하는 것을 말한다. 뒷담화하는 것을 잘하는 일이라거나 자랑스럽게 여기는 사람은 없다. 그렇다고 해서 뒷담화의 유혹으로부터 자유로운 사람도 거의 없다. 뒷담화는 정서적 환기 효과가 있어서 스트레스를 배출하는 기능을 하기도 하고, 비교 효과가 있어서 일시적인 우월감을 느끼게 하기도 한다. 그러나 '뒷담화'는 부메랑 효과가 있어서 자기 자신에게 더 큰 손상을 입히게 된다. '뒷담화'는 자신의 마음에 부정적인 생각으로 가득하게 하고 자신을 부정적인 사람으로 만든다. 자신의 뒷담화를 듣는 타인의 생각에도 부정적인 씨앗을 심어 주게 된다. 결국 다른 사람으로부터 존경보다는 비난을 받게 된다. 뒷담화는 마귀의 기본전술전략이다. '마귀'(디아볼로스)는 '참소하는 자', '중상하는 자', '험담하는 자'이기 때문이다. 뒷담화를 즐기는 것은 마귀에게 자신의 마음을 그의 놀이터로 내주는 것과 같다. 무릇 지킬만한 것보다 더욱 네 마음을 지켜야 한다. 마음이 생명의 근원이기 때문이다(잠 4:23).

082. 따뜻한 사람, 차가운 사람

한겨울에 김이 모락모락 나는 찐빵을 보면 '따뜻하다'는 느낌을 갖는 반면 한여름이라도 얼음덩이를 보면 '차갑다'는 느낌을 받는다. 직접 만져보지 않았음에도 '따뜻하다' 혹은 '차갑다'는 느낌을 갖는 것은 이전의 학습의 결과라고 할 수 있다.

사람에게 있어서도 처음 만났을 때에 '따뜻한 사람' 혹은 '차가운 사람'이라는 느낌을 갖는다. 체온이 높아서 따뜻한 사람이라고 느끼는 것이 아니고 체온이 낮아서 차가운 사람이라고 느끼는 것도 아니다. 체온이 모두 같은데도 왜 다르게 느끼게 되는가? 따뜻한 사람 혹은 차가운 사람이라고 느끼는 것은 신체적 체온이 아니다. 이를 '감성 체온'이라고 한다. '따뜻하다'는 느낌을 가진 사람에 대한 감정은 편안하고 가까이 하고픈 마음이라고 하면 '차갑다'는 느낌을 가진 사람에 대한 감정은 쌀쌀맞거나 멀리 하고픈 마음이라고 할 수 있다.

 '감성 체온'에 영향을 주는 요소를 찾는 실험을 한 결과, 관찰자들은 실험대상자들의 '관심', '미소', '고개를 끄떡거림'을 꼽았다. 또한 차가움을 드러내는 몸짓의 예로 '관심을 기울이지 않기', '미소 짓지 않기', '다리를 뻗고 앉아 있는 자세'를 꼽았다. 흥미로운 점은 '차가운 사람'으로 꼽힌 실험대상자들은 이러한 행동이 차가움을 나타내는 몸짓으로 생각하고 있지 않았다는 점이다. 이 실험에서 차가운 몸짓과 따뜻한 몸짓을 드러내는 '체온 신호'가 있음을 발견했다. 차가운 몸짓을 하면서 복음을 전할 때보다 따뜻한 몸짓으로 복음을 전할 때 더 효과적이라고 할 수 있다.

083. 똑똑한 사람, 따뜻한 사람 🍇

우리나라 성인남녀 2,290명을 대상으로 진행된 한 설문조사에 따르면 응답자의 52.9%가 '지금 행복하지 않다.'고 했다. 곧 성인의 절반 이상이 자신은 행복하지 않다고 답한 것이다. 응답자의 58.5%는 행복을 결정하는 요인으로 경제적 여유를 꼽았다. 하지만 중국 최고의 부자인 마윈 알리바바 그룹 회장은 2014년 미국 CNBC와의 인터뷰에서 이번 달에 자신은 하루하루가 전혀 기쁘지 않았다고 했다. 경제적인 부요함이 행복과 직결되지는 않는 예라고 할 수 있다.

〈왜 똑똑한 사람들은 행복하지 않을까〉의 저자 라즈 라후나탄은 똑똑하고 능력이 있다고 해서 모두 행복하지 않다고 말한다. 박사 학위를 가지고 있으면서도 불행하게 사는 사람이 있고, 학교 문턱에도 못 갔는데도 행복하게 사는 사람이 있다. 보석으로 치장하고도 불행하게 사는 사람이 있고, 꿰맨 옷을 입고도 행복하게 사는 사람이 있다. 지능지수(IQ; Intelligence Quotient)는 지적 능력을 말하고, 감성지수(EQ; Emotional Quotient)는 원만한 관계를 유지하는 감성 능력을 말한다. 현용수는 〈IQ

는 아버지 EQ는 어머니 몫이다〉에서 감성 능력의 중요성을 강조하고 있다. EQ가 높은 사람은 따뜻한 가슴으로 공감하므로 트러블 메이커(trouble maker)가 아니라 분위기 메이커(mood maker)가 된다. EQ가 높은 사람은 좋은 인간관계로 성공확률과 행복지수도 높아진다는 것은 이미 널리 알려진 사실이다.

반면 지능적인 범죄자의 대부분은 감성지수(EQ)는 낮고, 머리(IQ)만 좋은 집단에서 많이 발생한다고 한다. 똑똑해서 실패하는 사람들의 특징 중 하나는 따뜻하지 않기 때문이다. 이 시대는 마음이 따뜻한 사람이 더 필요하다. 빛과 소금인 우리 그리스도인들이 세상에서 똑똑하면서도 따뜻한 사람으로 살 수는 없을까?

084. 뚜껑이 열리다

살다보면 즐거운 일도 많지만 화나는 일도 많다. 우리 조상들은 화를 다스리기 위해 '참을 인(忍) 셋이면 살인도 막는다.'라고 하면서 화를 '참음'으로 다스리라고 가르쳤다. 특히 외국인들이 우리 한국 사람들을 보면 "빨리빨리"라는 말을 흔히 한다. 우리 민족의 조급성은 세계적으로 유명하다.

우리 한국인들이 많이 가지고 있는 병 가운데 하나가 바로 '화병'이다. 주전자에 물을 넣고 가스렌지 위에 얹어 놓으면 부글부글하면서 끓다가 주전자 뚜껑의 그 작은 구멍으로 수증기가 나온다. 조금 더 지나면 그 뚜껑이 벌렁벌렁하며 열렸다 닫혔다 한다. 물이 끓으면 수증기의 압력이 발생하면서 뚜껑을 들어올리기 때문이다. 화가 났을 때 코에서 나오는 김을 모아 그것을 쥐에게 주사했더니 얼마가지 않아 죽었다는 것은 실험을 통해서 밝혀진 내용이다. 화는 치명적인 독소를 품고 있다. 참을 수 없을 정도로 화가 치밀어 견딜 수 없을 때 '뚜껑이 열린다.'는 표현을 쓴다. 뚜껑이 열릴 정도로 화가 치밀어 오를 때 이성의 통제를 벗어나게 되어 자신도 모르는 말이나 행동을 유발하게 된다.

우에니시 아키라는 〈뚜껑 열리기 직전 나를 다스리는 방법)에서 그 생각을 멈추고 머릿속에 즐거운 그림을 그리면서 낙천적이고 긍정적 발상으로 화를 다스려 행복의 온도계를 높이라고 조언한다. "노하기를 더디 하는 자는 용사보다 낫고 자기의 마음을 다스리는 자는 성을 빼앗는 자보다 나으니라"(잠 16:32)고 했다. 화를 다스릴 줄 아는 자가 진정 큰 용사이며, 성읍을 정복하는 자보다 큰 영웅이다.

085. 뜻하지 않은 성공, 뜻하지 않은 실패

지하철이 역내로 들어오는데 어떤 사람이 철로에 떨어졌다. 이때 놀랍게 한 사나이가 바로 뛰어들어 그 사람을 용감하게 구해냈다. 그는 많은 사람들의 박수를 받으며 영웅이 되었다. 사람들이 그에게 어떻게 그런 용기가 났느냐고 물었다. 그는 놀란 모습으로 "누가 날 밀었어요."라고 말했다.

피터 드러커는 '뜻하지 않은 성공'이 있고, '뜻하지 않은 실패'도 있다고 했다. 이와 같은 때에는 자신을 성찰해야 뜻하지 않은 성공이 진정한 성공이 되고, 뜻하지 않았던 실패가 성공이 된다고 했다.

사울과 같이 어느 날 갑자기 큰 키와 잘생긴 외모로 인하여 왕에 오른 사람도 있다. 그러나 오랫동안 연단을 받아 성숙된 인격을 지니고 왕이 된 다윗과 같은 인물도 있다. 준비 없이 왕이 된 사울은 쉽게 무너졌으나 준비된 다윗은 오히려 더욱 견고해졌다.

성공한 사람에게는 박수를 보내고, 실패한 사람에게는 손가락질을 하기 때문에 대부분의 사람들은 성공하기를 원한다. 그러나 성공할지라도 잃는 것이 있고, 실패할지라도 얻는 것이 있다. 겉으로 볼 때 성공한 것 같으나 내면적으로는 실패한 인생이 있고, 외면적으로는 실패한 것 같으나 결과적으로는 성공하는 인생도 있다.

계란은 삶을수록 단단하게 되지만 당근은 삶을수록 물러진다. 고난을 당할수록 강해지는 사람이 있는 반면 고난을 당하면 좌절하는 사람도 있다. 스티븐 코비는 '리더십'을 학교 교육(schooling)이 아니라 농사짓기

(farming)의 개념으로 설명했다. 학교 교육은 벼락치기를 해도 좋은 점수를 받을 수 있지만 그러나 농사는 정직하게 땀을 흘리고 일정한 시간이 지나야 하기 때문이다. 벼락치기 성공을 기대하지 말아야 하고, 땀을 흘리는 정직한 성공을 추구해야 한다.

086. 리빙스턴의 바닥짐

탐험가요, 선교사였던 데이빗 리빙스턴은 위대한 아프리카 사역에 성공하고, 많은 사람으로부터 존경을 받으며, 명성이 높아져 있을 때였다. 그는 자신이 사람들로부터 존경을 받고 성공한 삶으로 이끌어 준 이유를 '바닥짐' 때문이라고 했다.

'바닥짐(ballast)'의 사전적 정의는 '선체의 안정을 유지하기 위해 배의 바닥에 싣는 물이나 모래 따위의 중량물'을 말하는데 그냥 '밸러스트(ballast)'라고도 한다. 오뚝이는 쓰러져도 다시 일어난다. 이는 오뚝이의 밑바닥에 무게 중심이 있기 때문이다. 거친 바다를 항해하는 배도 무게 중심이 바닥에 있어야 바람과 파도에 흔들려도 다시 균형을 잡을 수 있다. 항해하는 배는 무게 중심이 배의 아래쪽에 있을수록 안전하게 항해할 수 있다. 그래서 항구에서 짐을 다 부리고 나서 빈 배로 항해할 때도 배의 바닥에 바닷물을 집어넣는다. 무게 중심이 아래쪽이 있게 하므로 거친 파도와 심한 바람에도 전복되지 않고 배가 균형을 잡고 목적지까지 잘 항해할 수 있도록 하기 위함이다. 배가 겉으로 보기에는 그저 순풍에 돛을 단 듯 평화롭게 가는 것처럼 보여도 그럴 수 있는 까닭은 모두 보이지 않는 깊은 곳에 무거운 바닥짐이 있기 때문이다.

리빙스턴에게는 집을 나가버린 방탕한 아들이 있었다고 한다. 그런 아들이 그에게는 바닥짐이 되었다. 그는 집을 나간 아들이 있었기에 자신이 기도하는 사람이 되었고, 자신을 낮추어 겸손한 사람이 되었고, 자기 사명에 충성하도록 만들었다고 했다. 그는 바닥짐 때문에 많은 사람이 치하하는 엄청난 역사를 이룰 수 있었다. 때때로 무거운 바닥짐과 같은 고난이 영광에 이르는 통로가 되고, 축복에 이르는 지름길이 되게 한다.

087. 마(魔)의 11분

비행기가 비행할 때 '마(魔)의 11분'(Critical Eleven Minutes)이라는 것이 있다. 이는 비행 중에 사고가 가장 많이 발생하는 위험한 시간을 의미하는 것으로 이륙할 때의 3분, 착륙할 때의 8분을 일컫는 말이다. 전체 항공 사고의 4분의 3에 해당하는 74%가 마(魔)의 11분에 발생한다고 한다.

전문가들에 의하면 항공기는 이륙할 때 모든 엔진을 가동하여 최대의 힘을 내기 때문에 이륙 후 3분 이내에는 기체결함이나 위험 상황을 발견하더라도 운항을 중단하기 어렵다고 한다. 이와 반대로 착륙 8분 전에는 비행기 출력을 최대로 낮추어 비행 능력 이하로 떨어뜨리기 때문에 항공기가 지면과 근접하면서 안개나 비바람 등의 영향을 가장 많이 받을 뿐 아니라 위기 상황이 갑작스럽게 발생하더라도 기수를 높이는 데 한계가 있어서 사고가 잦다고 한다.

비행기의 출발과 도착이 중요하듯이 신앙생활도 시작과 마침이 매우 중요하다. 자기로 시작하여 자기로 마치는 자도 있고, 예수로 시작하여 자기로 마치는 경우도 있으며, 자기로 시작하여 예수로 마치는 경우도 있고, 예수로 시작하여 예수로 마치는 경우도 있다. 또한 육으로 시작하여 육으로 마치는 경우가 있고, 성령으로 시작하여 육으로 마치는 경우도 있으며, 육으로 시작하여 성령으로 마치는 경우도 있고, 성령으로 시작하여 성령으로 마치는 경우도 있다. "너희가 이같이 어리석으냐? 성령으로 시작하였다가 이제는 육체로 마치겠느냐?"(갈 3:3) 당신은 어떤 경우에 해당하는가?

088. 악어거북의 입속에 머리박기

악어거북(Alligator snapping turtle)은 생김새가 악어처럼 생겼다고 해서 그 이름이 붙여졌다. 악어거북은 입 속에 실지렁이 같이 생긴 것을 가지고 먹이를 유인할 때 쓰고, 동작은 느리지만 무는 속도는 아주 빠르고 엄청난 턱 힘을 지니고 있다. 악어거북의 습성은 움직임이 적고 소심하며 어두운 걸 좋아한다. 악어거북은 사냥을 하기 보다는 입을 벌리고 입속에 루어(가짜 미끼)를 이용해 물고기나 수중생물을 유인해서 사냥한다. 악어거북이 사냥을 할 때는 물속에 엎드려서 입을 벌리고 입속에 있는 지렁이 같은 미끼를 흔들어 먹이를 유인한다. 물고기들이 악어거북의 입속에 있는 지렁이를 먹으려고 입속에 머리를 들이밀면 잽싸게 잡아먹는다. 물고기는 악어거북의 입속에 있는 지렁이를 먹으려고 자기 머리를 악어거북의 입속에 집어넣었다가 오히려 잡혀 먹히고 만다.

물고기들이 악어거북의 입속에 있는 가짜 미끼에 속아서 잡혀 먹는데 어디 물고기뿐이랴. 악어거북의 입속에 있는 가짜 미끼에 속은 물고기가 어쩌면 바로 우리들이다. 우리는 육신의 정욕, 안목의 정욕, 이생의 자랑에 좇았던 많은 것들이 악어거북의 입속에 있는 가짜 미끼였다. 끔찍한 일이지만 가짜인 줄도 모르고 마귀의 아가리 속에 머리를 처박는 일이 많았다. "내가 그들에게 영생을 주노니 영원히 멸망하지 아니할 것이요 또 그들을 내 손에서 빼앗을 자가 없느니라"(요 10:28)는 약속대로 주님께서 우리를 건져주시지 않았더라면 수도 없이 쥐도 새도 모르게 마귀의 밥이 되었을 것이다.

089. 마법의 비율

　오랜 세월동안 신비에 싸여 있는 피라밋의 황금비율, 밥맛이 꿀맛이 되게 하는 잡곡밥의 황금비율, 커피와 프림 그리고 설탕으로 미각을 사로잡는 다방커피의 황금비율이 있다고 한다. 요즈음 황금비율이란 말이 여러 분야에서 자주 사용된다. 황금 비율은 고대 그리스에서 발견된 것으로 기하학적으로 가장 조화가 잘 잡힌 비율로서 미적 감각이 뛰어난 데서 붙여진 이름이다.

　워싱턴대학교의 고트먼 박사는 700쌍 이상의 부부의 모습을 비디오로 관찰하여 분석한 결과 다음과 같은 사실을 확인하게 되었다. 오랫동안 행복한 부부관계를 유지하려면 긍정적인 말을 부정적인 말보다 5배 정도 더 한다는 사실이다. 금실이 좋은 부부일수록 비난이나 무시와 같은 부정적인 말보다는 칭찬과 격려와 같은 긍정적인 말을 많이 하는 것으로 나타났다. 또한 부정적인 말을 1번 했다면 긍정적인 말을 5번 이상 하는 것으로 나타났다. 긍정적인 대화와 부정적인 대화의 비율이 5:1 이하로 떨어지면 부부생활에 문제가 발생하는 것으로 나타났다. 그래서 고트먼 박사는 이를 '마법의 비율' (Magic Ratio)이라고 불렀다. 행복한 부부관계를 위해서는 상대방에게 부정적인 말을 1번 할 때 적어도 5번 이상의 긍정적인 말을 해야 한다. 이는 행복하고 축복이 되는 대화의 황금비율이다.

090. 마음을 지키는 자

중국 철학가 열자(列子)의 설부편(設符篇)에 다음과 같은 이야기가 있다. 어떤 사람이 도끼를 잃어버렸다. 그는 이웃에 사는 젊은이를 의심하고 그의 얼굴과 행동을 유심히 살펴보았다. 그 결과 그의 행동거지 하나하나가 도끼를 훔친 사람 같았다. 며칠 뒤 산골짜기를 지나다가 그는 잃어버린 도끼를 찾았다. 알고 보니 자기가 산에 나무를 하러 갔다가 놔두고 왔던 것이다. 이튿날 그는 이웃에 사는 젊은이의 걸음걸이와 얼굴을 주의 깊게 살펴보았는데 그의 행동거지 하나하나가 도끼를 훔친 사람 같지 않아 보였다고 한다.

리더십에 있어서 세계적인 권위자인 존 맥스웰은 어느 날 이상한 꿈을 꾸었다. 그는 꿈에서 가면을 쓴 사람이 자신을 쫓아다니며 늘 괴롭게 하고, 하는 일을 방해했다. 그래서 그는 화가 나서 그 가면을 쓴 사람과 싸우게 되었다. 서로 엎치락뒤치락 하면서 한 동안 싸우다가 마침내 가면 쓴 사람을 제압하고서 그 정체를 알고 싶어서 가면을 벗겼는데 그 사람의 정체는 다른 사람이 아니라 바로 맥스웰 자신의 얼굴이었다고 한다. 그는 깜짝 놀라 꿈에서 깨어난 후 자신의 인생을 방해하는 존재는 바로 자기 자신임을 깨닫고 자기를 계발하여 성공하게 되었다.

사람들은 집을 나설 때나 사무실을 떠날 때 문단속을 철저하게 한다. 그것은 집이나 사무실에 잃어버리면 안 되는 소중한 것들이 있기 때문이다. 예수님은 '악한 생각과 살인과 간음과 음란과 도둑질과 거짓 증언과 비방'(마 15:19)이 나오는 마음을 잘 지켜야 한다고 했다. 사랑과 미움, 감사와 불평, 용서와 원수맺음, 겸손과 교만도 모두 자기 마음에 달려 있다. 그래서 하나님께서도 자기 백성들을 향하여 '무릇 지킬만한 것보다 더욱 마음을 지키라'고 했다(잠 4:23).

091. 망하는 나라, 흥하는 나라 🍇

맹자는 나라 밖에 적이 없고, 나라 안에 근심이 없는 나라는 반드시 망한다고 했다. 그러나 대부분의 사람들은 나라 밖에 적이 없기를 바라고, 나라 안에는 근심이 없기를 소원한다. 그래야 흥하고 행복할 것 같지만 맹자는 오히려 망한다고 했다.

햇볕만 비치면 옥토도 사막으로 변한다는 사실은 삼척동자도 다 아는 사실이다. 동물도 천적이 없으면 더 잘 살 것 같지만 오히려 그 반대의 현상이 벌어진다. 성질이 급한 청어는 잡으면 얼마 가지 않아서 죽고 만다. 그래서 청어를 싱싱하게 운반하기 위해서 수조 안에 메기를 넣는다.

사사기에 보면 이스라엘 백성들은 평안할 때 자기 소견에 옳은 대로 행하였고 그 결과 주변 나라들에게 침략과 지배를 당했다. 동방의 거부였던 욥은 고난을 통해 정금 같은 신앙을 갖는 계기가 되었으며, 갑절의 축복을 누리게 되었다. 다윗은 사울을 통해 하나님께 기도하는 훈련으로 기도의 사람이 되었고, 그의 아들을 압살롬을 통해 하나님을 의지하는 훈련으로 믿음의 사람이 되었고, 요압을 통해 하나님만을 바라보는 훈련으로 소망의 사람이 되었다. 나라 밖의 적과 나라 안의 근심이 있다고 해서 반드시 망하는 것이 아니요, 나라 밖의 적과 나라 안의 근심이 없다고 반드시 흥하는 것도 아니다. 망할 것 같아도 하나님께서 도와주시면 흥하게 되고, 흥할 것 같아도 하나님께서 도와주시지 않으면 망하게 된다. 우리의 연약함을 도와주시는 성령을 의지하고 모든 일들이 합력하여 선하게 되도록 역사하시는 하나님을 의지하고 살아야 한다.

092. 명의의 겸손

한 분야에 10년을 투자하면 전문가(專門家, expert)가 되고, 한 분야에서 30년을 연마하면 대가(大家, master)가 되고, 한 분야에서 50년이 갈고 닦으면 전설(傳說, legend)이 된다고 한다.

중국의 명의 편작은 죽은 사람도 살려냈다는 전설적인 의사였다. 그의 두 형도 의사였는데 그 삼형제에 관하여 중국의 고서 '갈관지'에 그들에 대한 기록되어 전해지고 있다. 어느 날 위(魏)나라의 임금이 편작에게 삼형제 가운데 누가 제일 병을 잘 치료하느냐고 물었다. 그는 '형님의 의술이 가장 훌륭하고, 다음은 둘째 형님이며, 자기의 의술이 가장 비천하다.'고 했다. 임금이 그 이유를 묻자 편작은 "큰형님은 얼굴빛만 보고도 그에게 장차 병이 있을 것임을 알아서 그가 병이 생기기도 전에 원인을 제거하여 줍니다. 그러므로 아파보지도 않은 상태에서 치료를 받게 되어 자신을 치료해 주었다는 사실을 알지 못합니다. 큰형님이 명의로 소문나지 않은 이유는 여기에 있습니다. 둘째 형님은 상대방이 병세가 미미한 상태에서 그의 병을 알고 치료를 해 줍니다. 그러므로 이 경우의 환자도 둘째 형님이 자신의 큰 병을 낫게 해 주었다고 생각하지 않습니다. 그러나 저는 병이 커져서 환자가 고통 속에 신음할 때가 되어서야 비로소 병을 알아보았습니다. 병이 심하므로 그의 맥을 짚고, 수술을 하고, 약을 먹여 고칩니다. 그런데 사람들은 제가 대단한 의술로 자신의 병을 고쳐 주었다고 믿기 때문에 명의로 소문이 나게 된 이유는 여기에 있습니다.”라고 했다.

  편작의 대답을 들은 임금은 유명하다고 모두 훌륭한 사
람이 아니라는 것을 깨달았다고 한다. 또한 ‘전설’로 불린
명의인 편작의 겸손함에 감동되었다고 한다. 겸손은 영광
을 더 크게 하고, 교만은 영광도 무너지게 한다.

093. 명참모 다윗

  다윗은 하나님을 군주(1인자)로 모시고, 자신은 2인
자로 한 평생을 살았던 대표적인 인물이다. 다윗은 “나
는 주께 의지하고 말하기를 주는 내 하나님이시라”(시
31:14)고 고백했다. 다윗은 하나님을 ‘주님’이라고 가장
많이 부른 사람이며, 그 분을 의지하고, ‘주는 내 하나님’
이라고 고백하면서 그 분의 말씀에 귀를 기울이고 순종하
며 살았다. 이에 하나님은 “내가 이새의 아들 다윗을 만
나니 내 마음에 맞는 사람이라 내 뜻을 다 이루리라”(행
13:22)고 했다.

우리나라의 근대사를 볼 때 정권의 말기에 이르면 항상 반복되는 일이 있는데 참모들의 권력형 비리 및 부정부패로 말미암아 생기는 레임덕(lame duck)이다. 이는 참모들의 기능과 역할이 얼마나 중요한가를 보여 주고 있다. 모리야 히로시가 쓴 〈명참모의 조건〉에서 보잘 것 없는 유방이 한 제국을 건설할 수 있었던 것은 장량과 한신 덕분이었고, 세력이 미천한 유비가 위·오와 더불어 삼국의 한 축을 맡을 수 있었던 것은 제갈량 덕분이었다. 천하 제패와 태평성대의 원동력, 그것은 바로 참모의 힘이라고 했다.

　　참모는 어느 시대를 막론하고 어느 조직에서든지 위로는 군주를 보좌하고, 아래로는 조직을 관리하는 것이 그의 소임이다. 아람의 군대장관 나아만에게 좋은 참모가 있었기에 요단강에서 씻고 건강한 몸으로 돌아갈 수 있었다. '승리는 모사가 많음에 있다'(개역한글, 잠 24:6)고 했다. 조직을 자세히 살펴보면 1인자를 제외하면 모든 사람은 궁극적으로 2인자다. 참모에게는 보좌해야 할 윗사람이 있고, 그와 동시에 관리하고 통솔해야 할 아랫사람이 있다. 우리는 모두 신앙적인 면에서는 하나님의 명참모가 되고, 자신이 소속된 공동체에서도 명참모가 될 때 그 공동체는 더욱 건강해진다.

094. 명품나무, 명품인생

예전에 군복무를 하던 강원도 양구의 대암산에 주목나무가 많이 서식하고 있었는데 이 나무는 장수하고 잘 썩지 않아서 '살아서 천년, 죽어서 천년이 가는 나무'라고 불렸다. 그런데 미국 캘리포니아 캘리포니아주 시에라네바다 산맥의 해발 3,000미터 높이에서 혹한과 사나운 바람, 부족한 공기, 그리고 적은 강수량 등 나쁜 생존 조건 속에서도 살아남은 '브리슬콘 소나무'(Bristlecone Pine)는 그것을 베어 나이테를 확인한 결과 4,844개였다고 한다. 속이 썩어 확인하지 못한 부분까지 포함하면 수령이 5,000년이 넘는 것으로 보고 있다. 브리슬콘 소나무를 '므두셀라 나무'라고 부르기도 하는데 이는 성경에서 가장 오래 산 사람이 '므두셀라'이기 때문이다. 이 나무는 살아서 5,000년, 죽어서도 7,000년을 간다고 한다.

가장 오래 사는 나무로 기네스북에 오른 이 나무는 나이만 많은 것이 아니라 추위와 싸우며 생긴 치밀하고 단단한 나무 조직 덕분에 울림이 좋아서 명품 바이올린을 만드는 재료로 쓰인다고 한다.

명품 가방도 있고, 명품 시계도 있지만 브리슬콘 소나무처럼 명품 나무도 있다. 수목한계선의 극한 상황이 이 나무를 명품 나무로 만들었다. '찌르는 가시'가 바울을 더욱 위대하게 만들었으며, 리빙스턴은 스스로 '바닥짐'이라고 부르는 고난이 자신을 더욱 겸손하게 아프리카에서 헌신하게 만들었다고 했다. 낙타가 짐을 싣고 내릴 때 주인 앞에 무릎을 꿇는 것처럼 고난의 때에 주님 앞에 무릎을 꿇어 고난을 극복하고 명품 인생으로 거듭나야 한다.

095. 모기 눈알 요리

박쥐는 포유동물 중에서 유일하게 날 수 있는 동물로서 젖을 먹여 새끼를 키운다. 박쥐들은 대부분 모기나 나방 같은 해충을 잡아먹고 산다고 한다. 하룻밤 사이에 자신의 몸무게의 1/2 무게만큼 해충을 잡아먹기 때문에 박쥐가 있는 곳엔 모기가 없다고 한다.

중국의 광동성에 가면 모기 눈알 요리가 있다고 한다. 모기를 잡아먹은 박쥐가 배설을 할 때 모기 몸뚱이는 소화가 되어 없어지지만 모기 눈알은 배설물에 섞여 배설이 된다. 그것을 모아 요리를 만드는데 값도 비싸고 맛도 일품이어서 최고급 요리라고 한다. 이와 같은 것들을 볼 때, 징그러운 박쥐도 쓸모 있고, 모기 눈알도 쓸모가 있다.

중국의 철학자 장자(莊子)는 네 그루의 나무 이야기를 하고 있다. 첫 번째 나무는 자신은 단단하고 곧게 자라서 최고급 가구를 만드는 목수들이 좋아한다고 자랑했다. 두 번째 나무도 자신은 맛난 열매를 많이 맺기 때문에 아이들이 좋아한다고 자랑했다. 세 번째 나무도 자신은 예쁜 꽃들을 많이 피우기 때문에 귀부인들이 나를 사랑한다고 뽐냈다. 그런데 구불구불하고 껍질도 딱딱해 아무 짝에도 쓸모가 없어 보이는 네 번째 나무는 아무 자랑도 못했다. 시간이 흘러서 쓸모 있다고 자랑하던 나무들은 모두 베어

졌으나 아무짝에도 쓸모없어 보이는 네 번째 나무만 남았다. 장자는 이것을 '무용지용(無用之用)' 곧 쓸모없는 것이 쓸모 있다고 했다.

'못 생긴 나무가 산을 지킨다.'는 말도 있다. 잘 생긴 나무는 나무꾼의 눈에 띄어 잘리고 말지만 못 생긴 나무는 못 생긴 덕에 큰 나무가 되어 산을 지킨다는 말이다. 하나님이 지으신 만물, 하나님이 이 땅에 보내신 성도는 모두 저마다의 역할과 사명이 있다. 하나님께서 지으신 모든 것이 선하므로 감사함으로 받으면 버릴 것이 없다(딤전 4:4).

096. 목적 지향적 사고

어떤 사람이 바캉스를 부산으로 가면서 자두 1상자(100개)를 사가지고 갔다. 가면서 절반 먹고, 오면서 절반 먹었다면 몇 개 남았겠는가? '한 개도 없다.', '25개 남았다.', '99개 남았다.'라고 대답한다. 모두 맞는 답이다. 가면서 절반인 50개를 먹고, 오면서 나머지 절반 50개를 먹었다고 생각한 사람은 한 개도 남지 않았다고 말할 것이다. 가면서 절반인 50개를 먹고, 오면서 나머지 50개 중에 절반을 먹었다고 생각한 사람은 25개 남았다고 말할 것이다. 가면서 1개의 절반을 먹고, 오면서 나머지 반쪽을 먹었다고 생각한 사람은 99개 남았다고 할 것이다.

어떤 사람이 '얼음이 녹으면 어떻게 되느냐?'고 물으면 '물이 된다.'고 말하는 사람도 있고, '봄이 온다.'라고 말하는 사람도 있다. '물이 된다.'고 생각하는 것을 '과학적 사고'라고 하고, '봄이 온다.'라고 생각하는 것을 '시적 사고'라고 한다.

세계화 시대가 되면 다양한 문화, 다양한 언어, 다양한 인종, 다양한 지역이 한 덩어리가 되어 조화를 이루며 굴러간다. 글로벌 시대의 최고의 가치는 이와 같은 다양함이 조화와 균형을 이루는 데 있다. 그러나 우리 그리스도인들의 자세는 단순하게 조화와 균형만 이루는 것이 중요한 것이 아니라 "너희가 먹든지 마시든지 무엇을 하든지 다 하나님의 영광을 위하여 하라"(고전 10:31)고 한 대로 '하나님께 영광'이라는 목적 지향적 사고를 가지고 살아야 한다.

097. 미끼를 보면 수준을 알 수 있다

어렸을 때 시골에서 고기를 잡기 위해 낚시를 한 적이 있다. 미끼로 떡밥, 지렁이, 땅강아지, 새우, 미꾸라지, 개구리를 쓰기도 한다. 그런데 미끼에 따라 잡히는 물고기가 다르다. 떡밥이나 지렁이를 미끼로 쓰면 붕어와 같은 고기가 잡히고, 미꾸라지나 개구리를 미끼로 쓰면 메기나 가물치 같은 큰 고기가 잡힌다. 그 이유는 물고기마다 좋아하는 미끼가 있기 때문이다. 작은 고기를 잡을 때는 지렁이나 떡밥으로도 충분할 것이다. 그러나 상어를 잡으려면 송사리나 지렁이 정도로는 어림도 없다. 상어는 그 정도의 미끼는 거들떠보지도 않는다.

전문가들에 의하면 고래나 상어를 잡을 때 물개를 미끼로 쓴다고 한다. 그 정도는 되어야 눈길을 주고 입질을 하기 때문이다. 아담과 하와는 선악과로 충분했고, 에서는 팥죽 한 그릇으로 충분했다. 다윗은 밧세바의 벗은 몸매로 충분했으며, 가룟 유다는 은 30개로 충분했다.

당신은 어떤 미끼에 입질(집착)을 하고 걸려드는가? 마귀가 당신을 유혹하는 미끼를 보면 당신의 수준을 알 수 있다.

마귀는 예수님을 잡으려고 자기에게 절하면 '천하만국을 준다.'고 했다. 마귀는 예수님이 하나님의 아들이심을 알고 있기에 상상할 수 없는 미끼(천하만국)를 던진 것이다. 마귀는 자기에게 절하면 그것을 준다고 했다. 절하는데 1년, 하루, 한 시간이 걸리는 것도 아니다. 허리가 부러질 정도로 힘든 일도 아니다. 마귀는 '천하만국'을 빨리 쉽게 얻을 수 있는 매력 있는 미끼를 던졌다. 이것이 마귀의 계략이다.

098. 바다 속의 음흉한 낚시꾼

'바다의 악마', '음흉한 낚시꾼'으로는 불리는 아귀는 바닥에 엎드려 머리 앞쪽 안테나 모양의 먹이를 유인하는 돌기낚싯대(일명 아귀의 낚싯대)를 지니고 물고기를 유인하여 큰 입으로 통째로 꿀꺽 삼켜 버린다. 입이 큰 아귀는 몸과 머리가 납작하고, 아래턱이 위턱보다 튀어나와 있고, 뾰족한 이빨이 크고 작은 빗 모양으로 촘촘히 있어서 먹이를 한번 물면 절대로 놓아주지 않는다. 이 물고기는 한때 어부가 잡자마자 뱃전 너머로 던져 '물텀벙이'로 불렸던 못생긴 물고기였다. 행동이 빠르지 못한 아귀는 안테나 모양의 돌기낚싯대를 흔들며 먹이를 유인하다가 돌기를 맛있는 먹이로 알고 다가오면 큰 입을 벌려 잡아먹기만 하면 된다.

아귀의 사냥기술은 마냥 놀랍기만 하다. 아귀가 흔드는 돌기낚싯대는 물고기들에게 먹이를 제공하기 위한 것이 아니라 그들을 잡아먹기 위한 미끼다. 바다에만 이와 같은 음흉한 낚시꾼이 있는 것이 아니라 우리들의 삶의 현장에도 존재한다. 보이스 피싱을 당하거나 사기를 당할 때 보면 한결 같이 그럴 듯한 미끼로 유인하고 그것을 잡으려고 할 때 오히려 당하고 만다. 또한 마귀는 전형적인 영혼 사냥꾼이다. 마귀는 선악과를 미끼로 아담과 하

와를 유인하여 넘어뜨렸다. 마귀는 예수님에게까지 찾아
와서 떡과 영웅심과 명예를 미끼로 사용하여 유혹하였으
나 오히려 책망을 받고 물러갔다. 우리 속담에 '공짜라면
양잿물이라도 먹는다.'고 하지만 서양 속담에는 '공짜는
없다.'고 한다. 공짜를 좋아하면 오히려 공짜로 먹히기
쉽다.

099. 바지를 입은 여자

잔 다르크는 15세기 전반 백년 전쟁 후기에 프랑스를
위기에서 구한 영웅적인 인물이다. 그녀는 독실한 기독
교 가정에서 태어났다. 1429년 어느 날 '프랑스를 구하
라.'는 하나님의 음성을 듣고 고향을 떠나 샤를 황태자(후
에 샤를 7세)를 도왔다. 당시 프랑스는 북부를 영국 군대
가 점령하고 있었고, 통치도 1420년의 트루아의 조약에
따라 샤를 6세 사후에는 영국 왕 헨리 5세가 계승하도록
되어 있었다. 잔 다르크는 영국군을 격파하여 오를레앙
을 해방시킨 데 이어 각지에서 영국군을 무찔렀다. 흰 갑

옷에 흰 옷을 입고 선두에 서서 지휘하는 잔 다르크의 모습만 보고도 영국군이 도망했다고 한다. 하지만 그녀는 1430년 5월 콩피에뉴 전투에서 부르고뉴파 군사에게 사로잡혀 영국군에게 넘겨졌다. 1431년, 재판에서 마녀로 낙인 찍혀, 이단(異端) 선고를 받고 루앙에서 화형을 당하였다.

재판에서 잔 다르크를 화형을 시킨 진짜 이유는 여자가 바지를 입었다는 이유였다고 한다. 당시 치마를 입은 여자는 전쟁에 참여할 수 없었는데 잔 다르크는 남자 복장인 바지를 입고 전쟁에 참여했다. 바지를 입은 잔 다르크는 마녀로 정죄되었고, 이단으로 낙인찍혀 화형을 당했다. 예수님을 죽였던 산헤드린의 대제사장들과 장로들은 사도 바울마저 죽이기 위하여 당시 전통을 내세워 '전염병과 같은 자', '소요하게 하는 자', '나사렛 이단의 우두머리', '성전을 더럽게 하는 자'라고 정죄했다(행 24:5-6). 그러나 하나님은 바울을 통하여 초대 교회를 든든히 세우는 정통신학을 정립하도록 했다.

100. 방패에 기름을 바르라 🍇

방패는 적의 창이나 칼 그리고 화살 공격으로부터 몸을 지키기 위한 방호 무기를 말한다. 방패는 그 크기나 모양 그리고 재질도 다양하게 만들어졌다. 방패가 크면 자신의 몸을 잘 보호할 수 있는 장점이 있지만 휴대가 불편한 단점을 지닌다. 금속으로 만들면 강한 반면 무겁기 때문에 활동성이 떨어지게 된다. 그래서 전쟁의 최전방에 나서는 병사들은 적의 화살 공격을 대비하기 위하여 전신을 가릴 정도의 큰 방패를 가지고 나가는 반면 말을 타는 기병은 작고 가벼운 방패로 무장하고서 재빠르게 적을 공격할 뿐 아니라 신속하게 이동할 수 있게 했다.

고대의 병사들은 전투를 치르고 저녁에 진영에 돌아오면 반드시 방패에 기름을 바르는 일을 잊지 않았다. 당시 방패는 나무판에 짐승의 가죽을 여러 겹 덧붙여 만들었다. 그 가죽 방패는 창이나 칼을 막아서 자신의 생명을 보호하는 역할을 한다. 그러나 방패에 기름을 바르지 않으면 방패의 가죽이 말라 딱딱해져서 충격을 받을 때 부서지고 만다. "방패에 기름을 바를지어다"(사 21:5)라는 말은 전쟁을 준비하라는 의미다. 에베소 교인들을 향하여 전신갑주를 입으라고 하면서 '믿음의 방패를 가지라'고 했다. 이는 믿음이 우리 신앙을 지켜주는 방패가 되기 때문이다. 그 믿음의 방패도 성령의 기름을 바르지 않으면 안 된다. 성령은 믿음의 방패를 말할 수 없을 정도로 강력하게 만들어 준다. 우리 성도들은 날마다 성령의 기름부음을 받아야 한다. 이는 악한 마귀를 대적하여 이기고 승리할 수 있도록 하기 때문이다.

범사에 여러분에게 모본을 보여준 바와 같이 수고하여
약한 사람들을 돕고 또 주 예수께서 친히 말씀하신 바
주는 것이 받는 것보다 복이 있다 하심을 기억하여야 할지니라

- 행 20:35 -

'나침반학교'에서 일어난 일

: 가치와 속도

101. 방향은 속도보다 중요하다

　중국에서 마차로 여행을 하는 한 사람이 있었다. 그가 여행하는 도중에 잠시 쉬고 있는데 부근에 주민들이 어디로 가는 길이냐고 물었다. 그는 자신의 목적지인 초나라로 간다고 했다. 초나라는 남쪽인데 그가 가는 방향은 북쪽이라고 가르쳐 주었다. 그런데 그 여행자는 자기 말은 굉장히 빨리 달리는 말이기 때문에 쓸데없는 걱정을 하지 말라고 했다. 여행자의 말을 들은 주민들은 더 걱정되어 아무리 말이 빨리 달려도 이 방향으로 가서는 초나라에 갈 수 없다고 했더니 그는 여비가 충분히 있기 때문에 괜찮다며 그 말에 전혀 개의치 않았다. 주민들이 아무리 돈이 많아도 방향이 잘못 되었기 때문에 초나라로 갈 수 없다고 하자 자기 마부는 말 다루는 솜씨가 뛰어난 사람이기 때문에 걱정이 없다고 했다.

　여행자가 훌륭한 말과 남다른 준비와 충분한 여비와 솜씨가 뛰어난 마부가 있을지라도 방향이 틀리면 오히려 초나라와는 멀어져 갈 뿐이다. 탈무드에서 방향은 속도보다 더 중요하다고 했다. 방향이 틀리면 목적지에 도착할 수 없다. 방향이 틀리면 빠를수록 오히려 더욱 멀어지고 만다.

천국에 가고 싶다고 하면서 지옥을 향해 가면 아무 소용이 없다. 천국에 이르는 길은 오직 길과 진리요 생명이신 예수 그리스도를 믿는 것밖에 없다(요 14:6). 인생은 레이싱 경기가 아니다. 남들보다 조금 빠르다고 해서 그것이 곧 인생에서의 성공을 보장하지 않는다. 방향이 올바르지 않다면 오히려 빠른 것이 재앙이 될 수도 있다. 남들보다 조금 느리다고 해서 조급해할 필요도 없다. 얼마나 빠른가 보다는 얼마나 올바른 방향으로 가고 있느냐 하는 것이 더 중요하기 때문이다.

102. 배고픈 부자와 철없는 부자

예수님은 낙타가 바늘귀로 들어가는 것이 부자가 하나님의 나라에 들어가는 것보다 쉽다고 했다(마 19:24). 대부분 부자들은 돈을 열심히 벌고 쓸 때는 절약이 몸에 배어서 허튼 데 쓰지 않는다. 가능한 대로 많은 돈을 벌고

(input), 가능한 대로 적게 나가게 한다(output). 아무리 많이 벌어도 더 많이 지출하면 부자가 될 수 없다. 예수님은 부자가 천국에 들어가는 것이 불가능하다고 하지 않고 어렵다고 했다.

황상민은 그의 책 〈한국인의 심리코드〉에서 '배고픈 부자'와 '철없는 부자'가 있다고 했다. 배고픈 부자는 물질적으로는 돈이 많아 부자이지만 마음으로는 부자가 아닌 사람을 말한다. 돈이 많아서 남들이 부자라고 함에도 돈을 아껴서 더 모으려고 점심을 자장면이나 김밥으로 때운다. 배고픈 부자는 돈을 모으려고만 할 뿐 왜 돈을 버는지 그 목표가 정확하지 않다. 그는 항상 자신은 충분한 돈을 가지고 있지 못하다고 생각한다. 철없는 부자는 태어나면서부터 부모로부터 부를 물려 받아서 돈을 의미 있게 쓰지 못하고 흥청망청 쓰는 부자를 말한다. 자식이 애비를 닮듯이 배고픈 부자가 만든 환경이 자식을 철없는 부자로 만드는 경우가 많다. 그러나 아리마대 요셉은 성경에 그를 '부자'(마 27:57)이며, '존경받는 공회원'(막 15:43)이며, '선하고 의로운 사람'(눅 23:50)이라고 했으며, 그는 예수님의 시신을 장사했다. 이런 사람을 '품격 부자', '존경 받는 부자'라고 부른다. 부자가 되는 것도 중요하지만 부자답게 사는 것은 더 가치 있는 일이다.

103. 백향목 같은 그리스도인

일본 오사카에서 '히노끼(편백나무)'로 지은 수양관에서 집회를 한 적이 있다. 건축한지 수십 년이 되었는데도 곰 팡이를 볼 수 없고 그 은은한 향기를 지금도 잊을 수 없다.

성경에 편백나무보다 더 귀하게 쓰여진 백향목은 레바 논의 1,500미터 이상의 고산지대에 분포해 있는 소나무 과에 속하는 상록수로 '레바논 삼나무'라고도 한다. 백향 목은 삼나무(Cedar) 중에 최고로 '나무의 제왕'으로 불리 고 권위와 영광과 번성을 상징한다. 솔로몬은 레바논으로 부터 백향목을 수입해 성전을 짓고 예루살렘 왕궁을 증축 했다(왕상 8:10~14). 기원전 레바논에 살던 페니키아인 들은 애굽과의 무역에서 백향목을 주고서 파피루스를 받 아왔다. 이 파피루스 무역을 하던 항구의 이름이 '비블로스(파피루스의 그리스어)항'였고, '비블로스'로 만든 책이 '바이블'(성경)이 되었다. 백향목은 배의 돛대로 많이 사용하고, 바로의 관 제작에도 사용되었으며, 솔로몬 성전의 안벽과 성전 마루와 지성소를 백향목으로 만들었다(왕상 6:15-16). 솔로몬 궁궐의 기둥과 들보와 마루판도 이것을 사용했다. 이와 같이 백향목은 뿌리를 깊게 내리기에 높이가 40미터 정도까지 곧게 자라고 재질이 단단하고 좋은 향기를 내는 고급 목재로 잘 썩지 않는다.

성경에 백향목은 '여호와 나무'라고 불렀다(시104:16). 백향목의 수명도 2,000-3,000년 정도 된다고 한다. 백향목은 곧게 성장하므로 좌우로 치우치지 않는 의인을 상징한다. 백향목은 뿌리를 깊게 내리므로 사시사철 푸르름을 유지하는 상록수이므로 시냇가에 심겨진 나무가 철을 따라 열매를 맺고 잎사귀가 마르지 않는 것과 같은 하나님 백성을 상징한다. 백향목은 아름다운 향기가 있는 것처럼 세상의 향기인 그리스도인을 상징한다. 당신이 바로 백향목이다.

104. 변하는 가치, 변하지 않는 가치

　일반적으로 역사학자들은 인류 역사의 발전을 채집수렵사회시대, 농경사회시대, 산업화시대, 정보화시대로 구분한다.

　채집수렵사회시대는 자연으로부터 식량을 얻었던 시대를 말한다. 채집수렵사회나 농경사회에서는 경험이 많은 사람들이 존경을 받았으며 그들이 지도적 위치를 차지했다. 그래서 이를 '과거 지향적 사회(past-oriented society)'라고 한다. 농경 사회에서 산업화 사회로의 전환은 제임스 와트의 증기기관의 발명과 아담 스미스의 시장경제논리로 말미암았다. 산업화는 생산성 증대, 전문화, 도시화를 가져왔다. 그래서 이를 '현실 지향적 사회(present-oriented society)'라고 한다. 2차 대전 이후에 컴퓨터 및 정보통신이 발달하면서 정보화시대로 전환되었다. 산업화 시대는 자본이 재산이었지만 정보화 시대는 정보가 재산이다. 수많은 정보가 하루가 다르게 변화하기 때문에 현실에 안주하면 뒤처지고 만다. 그래서 이를 '미래 지향적 사회(future-oriented society)'라고 한다. 채집하고 수렵을 하며 농사를 짓던 사회에서는 경험이 많은 노인들이 어르신으로 존경으로 받았다. 그러나 정보화 사회에서는 새로운 정보가 수없이 쏟아지기 때문에 과거의 경험으로 그것을 대체할 수 없기에 어르신들에 대한 필요와 존경이 점차 사라지게 되었다.

1년 365일, 춘하추동 사계절이 그냥 있어도 세상은 날마다 변한다. 예수님께서 세상은 변할지라도 하나님의 말씀은 한 말씀이라도 없어지지 아니하리라고 했다(마 5:18). 다시 말해 세상은 변하지만 진리는 변하지 않는다. 세상에는 시대에 따라서 가치가 변하는 것이 있고, 시대가 변해도 변하지 않는 것이 있다. 시대에 따라 변하는 가치를 '상대적 가치'라고 하고, 변하지 않는 가치를 '절대적 가치'라고 한다. '절대적 가치'인 성경을 붙잡고 흔들리지 말아야 한다.

105. 변하는 사람 vs 변하지 않는 사람

미국의 포브스지는 10년 내에 사라질 가능성이 매우 큰 직업의 7가지를 꼽았는데 1위 운전기사, 2위 농부, 3위 우편물 관련 직업, 4위 방송진행자, 5위 보석가공업자, 6위 어부, 7위 인쇄 및 출판업자였다. UN 미래 보고서에 의하면 2030년까지 20억 개의 일자리가 소멸이 될 것이고, 현재 일자리 80%가 사라진다고 전망하고 있다. 4차 산업혁명은 인공지능과 로봇기술, 그리고 생명과학이 주도하는 차세대 산업혁명을 의미한다. 향후 10년 후에는 4차 산업혁명이 본격화 될 것으로 예상되고 있다. 이 시대는 기술이 고도로 발달함에 따라 많은 직업들이 인공지능과 로봇에 자리를 빼앗길 것으로 예상되고 있다. 또한 평균 수명이 100세에 도달하고, 평생 일하는 기간이 60~70년 정도로 늘어나게 될 것으로 내다보고 있다. 지금까지 선망했던 직업이 사라지고 전혀 예상하지도 못했던 직업이 떠오르게 된다.

세상은 하루하루 다르게 급변하고 있다. 그런데 사람들 중에는 변하는 사람과 변하지 않는 사람이 있다. 변하는 사람 중에도 좋은 쪽으로 변하는 사람이 있고, 반대로 나쁜 쪽으로 변하는 사람이 있다. 변하지 않는 사람 중에는 나쁜 쪽에 있으면서도 좋은 쪽으로 안 변하는 사람이 있고, 좋은 쪽에 있으면서 나쁜 쪽으로 안 변하는 사람이 있다.

사울왕은 좋은 쪽에서 나쁜 쪽으로 변한 사람이다. 그는 왕이 되기 전에는 겸손과 순종과 사랑의 사람이었으나 왕이 된 후에는 교만과 불순종과 포악한 사람으로 변했다. 그 이유는 하나님 말씀을 무시함과 교만함과 다윗과의 비교의식을 들 수 있다. 하지만 요나단은 좋은 쪽에 서 있으면서 나쁜 쪽으로 변하지 않은 보기 드문 사람이었다. 당신은 어떤 사람인가?

106. 변화되는 사람과 변질되는 사람

예전에 자명종 시계가 없던 시절 집집마다 다니며 '약속된 시간'에 고객들을 깨워 주는 직업이 있었다고 한다. 자명종 시계가 그 직업을 사라지게 했다. 디지털 카메라가 보편화되어 필름을 만들고 현상하는 회사와 직업은 사라졌다. 무인 자율주행 자동차가 거리를 누비게 되면 운전하는 직업이 사라지고, 무인 자율 비행기가 하늘을 날게 되면 조종사 직업도 사라질 것이다.

영국의 한 은행(Bank of England)의 앤디 할데인(Andy Haldane)은 영국의 1,500만 개의 일자리가 로봇에게 넘어갈 위기에 처해 있으며, 미국의 경우에는 더욱 심각한 8,000만 개의 일자리가 로봇에게 위협받고 있다고 주장했다. 그에 따르면 미국의 취업자가 농업 종사자를 제외하고 현재 약 1억 4,300만 명인데 이중 절반 이상이 로봇에게 일자리를 빼앗길 수 있다는 말이다.

미래학자 앨빈 토플러는 한국 학생들은 학교와 학원에서 미래에 필요도 없는 지식과 사라질 직업을 위해 하루 15시간씩 공부한다고 충고하기도 했다. 한국고용정보원의 '기술 변화에 따른 일자리 영향 연구' 보고서에 따르면 인공지능과 로봇으로 대체 가능한 직업 1순위로 청소원이 꼽혔다. 그리고 주방보조원, 매표원, 복권판매원, 낙농업 관련 종사원, 주차관리원, 안내원 등이 뒤를 이었다.

오늘날 4차 산업혁명 시대에 없어지는 직업과 새로 생겨나는 직업이 있을 것이다. 세상이 급속하게 변하고 있는 것처럼 사람들도 많이 변하고 있다. 좋게 변하는 사람도 있고, 반대로 좋지 않게 변하는 사람도 있다. 변해야 하는 데도 변하지 않는 사람도 있고, 변하지 않아야 하는 데 변하는 사람도 있다. 좋은 면으로 달라지는 것을 변화라고 하고, 좋지 않은 면으로 달라지는 것을 변질이라고 한다. 변질이 아닌 변화의 사람이 되어야 한다.

107. 웃음 보약

윌리엄 프라이 박사의 조사에 의하면 어린이들은 하루에 약 300번 정도 웃는 반면, 어른은 약 15번 정도 웃는다고 한다.

우리말에 '일노일노 일소일소'(一怒一老 一笑一少, 한 번 화를 내면, 한 번 늙어지고, 한 번 웃으면 한 번 젊어진다.)란 말이 있다. 또한 '소문만복래'(笑門萬福來, 웃는 가정에 만 가지 복이 들어온다.), '웃으면 복이 온다.'(웃음이 보약, 웃는 것이 신체적으로도 좋으며 화도 면할 수 있다는 말)란 속담도 있다.

도대체 웃을 줄 모르는 어른이 우리 주변에는 너무 많다. 그 이유는 "실없이 웃지 마.", "쓸데없이 웃지 마." 등의 부정적인 학습을 받으면서 자랐기 때문이다.
웃지 않는 또 다른 이유는 웃을 일이 없기 때문이기도 하다. 생활 속에서 많은 스트레스로 인해 웃을 마음이 없어지는 것도 웃음이 사라진 한 요인이 된다.

사람의 대뇌에는 감정조절 중추와 표정조절 중추가 서로 연결되어 있어 서로 영향을 준다. 그래서 일부러라도 웃으면 진짜 웃을 때와 같은 화학반응이 일어나 기분이 좋아진다. 웃음은 마음을 바꾸고, 표정을 바꾸고, 행동과 생각까지 바꾼다. 활짝 웃는 것이 좋지만 그렇지 못하다고 하면 환한 미소라도 짓자.

108. 분을 그치고 노를 버리라

몇 년 전에 동해안에서 신혼여행을 갔던 부부가 총을 맞고 살해된 사건이 있었다. 이 끔찍한 사건은 신혼부부가 탄 차가 자신의 차를 앞질러 간 것 때문에 화가 치밀어 그런 일을 저질렀다는 것이다.

누가 건드리기만 하면 폭발해 버릴 것 같은 상태로 핸들을 잡았는데 누군가가 당신의 화를 돋운다면 어떨까? 이런 상황에서는 과격한 운전과 험악한 말과 비이성적인 행동을 하기 쉽다. 더 나아가서는 서로를 위협하다 못해 끝내 물리적 충돌로까지 이어지는 경우도 있다. 이것이 전형적인 '노상 분노(road rage)'이다.

'노상 분노'는 노상에서 분노의 감정조절이 제대로 이루어지지 않는 현상이다. '노상 분노'는 음주운전만큼이나 위험하여 세계 각국에서 중요한 이슈로 떠오르고 있다. 분노의 감정이 길거리에서 그냥 표출되는 것은 일시적으로 판단력을 상실하게 하고, 대인관계를 손상시킬 뿐 아니라 자신의 품위를 떨어뜨린다. 그러므로 노상 분노는 운전자에게만 위험한 것이 아니라 모든 사람에게 무익하다.

　어느 조사에서 '운전 중 다른 운전자가 화나게 하는 일
을 경험한 적이 있는가?'에 대한 질문에 전체 응답자의
83%가 '그렇다'고 답했다. 노상 분노를 제대로 다스리지
못한 가인은 동생 아벨을 죽이고 말았으며, 모세는 계명
이 새겨진 돌비를 던져 깨뜨렸고, 발람은 애꿎은 나귀를
때렸으며, 웃시야는 제사장을 대적하다가 문둥병에 걸리
고 말았다. 그래서 시편 기자는 행악에 치우치게 하는 분
을 그치고 노를 버리고 불평하지 말라고 했다(시 37:8).

109. 사고 전환

　2002년도 노벨 경제학상을 받은 카네만(Kahneman)
과 트버스키(Tversky)가 구조화 효과(Framing effect)
를 주장했다. 이는 어떤 사실을 어떤 틀(frame) 안에서
전달하느냐에 따라 전달받은 사람들의 생각과 태도, 행동
에 다르게 영향을 미칠 수 있다는 이론이다.

다른 사람이 새벽기도에 나오지 않는 것은 게으르기 때문이고, 자신이 새벽기도에 못 나오는 것은 많은 사회적인 활동으로 인해 피곤하기 때문이라고 한다. 남이 눈물로 기도하면 유별난 신앙이고, 자신이 눈물로 기도하는 것은 간절한 마음 때문이라고 한다. 남이 기도를 길게 하면 주책이 없는 것이고, 자신이 기도를 길게 하는 까닭은 정성을 다하기 때문이라고 한다. 사위가 처가에 자주 오는 일은 당연한 일이고, 자기 아들이 처가에 자주 가는 일은 줏대 없는 일이라고 한다. 이와 같이, 같은 사실(fact)이라도 어떤 틀로 보느냐에 따라 다른 결과를 가져온다.

앨버트 엘리스(Albert Ellis)는 이를 '사고체계(belief system)'로 설명했다. 곧 어떤 일이 발생했을 때 사고체계에 따라서 결과가 달라진다는 것이다. 이와 같이 생각의 틀은 매우 중요하다. 어떤 사건이든지 내 관점으로 보는 것과 하나님의 관점으로 보는 것은 하늘과 땅의 차이다. 그러므로 우리 그리스도인들은 자기중심적 사고에서 하나님 중심적 사고로, 비합리적 사고에서 합리적 사고로, 부정적 사고에서 긍정적 사고로, 불신앙적 사고에서 신앙적 사고로의 전환을 해야 한다.

110. 불평을 감사로 바꾸는 사람 🍇

보리밥 먹을 때는 쌀밥 한 번 실컷 먹어 보았으면 죽어도 소원이 없겠다고 불평한다. 그런데 쌀밥 몇 번 먹고 나니 고기를 실컷 먹어 보았으면 여한이 없겠다고 불평한다. 고기를 먹고 나니 생선이 몸에 더 좋다며 투덜댄다. 이제는 생선도 질려서 된장이 암에 좋다고 된장국 타령하며 불평한다. 월세일 때는 전세만 가면 좋겠다고 불평하고, 전세일 때는 코딱지만 해도 자기 집만 있으면 좋겠다고 불평하고, 집을 장만하면 작아서 못 살겠다고 불평하고, 큰 집에 가면 집만 크면 뭐하냐며 청소하느라 골병만 든다며 불평한다.

자기가 뚱뚱하다고 투덜대는 사람은 자신이 잘 먹고 있다는 사실을 감사하지 않는다. 허구한 날 청소만 하느라 힘들어 못 살겠다고 불평하는 사람은 청소할 큰 집을 가지고 있다는 사실을 감사하지 않는다. 세금이 너무 많아 못 살겠다고 푸념하는 사람은 세금을 낼 만큼 많은 소득이 있음을 감사하지 않는다.

경제적 침체와 질병과 사고와 사회적 불안과 환경의 파괴와 각종 문제를 안고 살아가는 오늘의 현실에서 누가 감사할 수 있겠는가? 보통 사람은 불평을 불평으로 이어가는 사람이고, 나쁜 사람은 감사를 불평으로 바꾸는 사람이고, 믿음의 사람은 불평을 감사로 바꾸는 사람이다. 불평을 감사로 바꾸는 사람은 행복한 사람이다.

필자가 좋아하는 찬양 중에 "날 구원하신 주 감사/ 모든 것 주심 감사/ 지난 추억 인해 감사/ 주 내 곁에 계시네/ 향기로운 봄철에 감사/ 외론 가을날 감사/ 사라진 눈물도 감사/ 나의 영혼 평안해"가 있다. 범사에 감사하는 습관은 행복의 통로이며 이 습관을 가진 자가 복이 있다. 이는 그리스도 예수 안에서 하나님의 뜻을 이루는 사람이기 때문이다(살전 5:18).

111. 불행한 소똥 집 vs 행복한 궁궐

어느 디자이너가 아프리카 마사이족 마을에 비영리단

체의 후원을 받아 심플하고 편리한 슬레이트집을 지어 주었다. 그런데 사람들은 그 집을 거들떠보지도 않고 그들이 전에 살았던 소똥 집에 그냥 살았다. 그 이유인즉 '예쁘지 않다'는 것이다. 마사이족들은 자신들이 소똥으로 만든 흙집을 '아름다운 집'이라고 부르고 있다. 그가 소똥 집에 사는 아이들에게 '너, 행복하냐?'라고 물었더니 조금도 주저하지 않고 '네. 행복해요.'라고 대답했다고 한다.

스리랑카에 하늘에 떠있는 난공불락의 왕궁 '시기리야'(사자바위란 뜻)가 있다. 광활한 밀림 평원 속에 우뚝 솟은 거대한 바위 위에 지은 궁전은 5세기경 싱할라 왕조의 카샤파 1세가 지었다. 해발 370미터밖에 되지 않지만 사방이 낭떠러지이고, 주변에 아무런 높은 봉우리가 없어 천혜의 요새 궁전이다. 카샤파는 어머니가 평민이었고, 그의 동생 목갈리나는 어머니가 왕족이었다. 출신 성분이 동생에 뒤지기 때문에 카샤파는 왕위를 동생이 물려받을지 모른다는 불안감으로 자기 아버지를 죽이고 왕위에 올랐다. 그러나 목갈리나에게 왕위를 빼앗길까 두려워서 사자바위 위에 요새 궁궐을 짓고 자리를 지키려고 했다. 하지만 결국 그는 자결하고 말았다.

성경에 나오는 헤롯은 마사다(Masada)에 피난처를 만들었으니 이 요새는 해발 430여 미터인 절벽 위에 지어졌다. 이 요새는 특별한 지형 덕분에 세계 최강 로마 10군단이 이곳을 포위하고도 2년 동안 쉽게 함락하지 못했다. 카샤파는 불안감으로 '시기리야'를 지었고, 헤롯은 불안감으로 '마사다' 요새를 구축했다.

소똥 집에서도 행복한 사람이 있는가 하면, 요새를 짓고도 불안한 사람이 있다. 솔로몬은 마른 떡 한 조각을 먹으며 화목하는 것이 진수성찬을 차린 집에서 다투는 것보다 낫다고 했다(잠 17:1).

112. 비교 함정 🍇

몇 해 전, 서울의 한 다세대 주택 옥탑방에 정체불명의 젊은이가 침입해서 TV를 보던 부부를 살해한 사건이 발생했다. 사건의 동기는 원한관계도 아니었고, 돈을 노린 강도의 소행도 아니었다. 범인은 일감을 구하지 못한 채

자괴감에 빠져 있었는데 행복한 웃음소리를 듣고 화가 치밀어서 범행을 저질렀다고 한다. 불행한 자신과 행복한 타인의 비교를 통하여 끔찍한 범죄를 저지르게 되었다.

다른 사람과 자신의 모습을 비교해 부정적인 상태에 빠지는 것을 '비교 함정(Comparative Trap)' 혹은 '비교 증후군(Comparison Syndrome)'이라고 한다. 이는 자신을 남과 비교함으로서 스스로 불행한 심정에 빠지는 것을 가리키는 말이다. '남의 떡이 커 보인다.'는 속담과 같이 타인의 집, 자동차, 옷, 외모, 성공, 솜씨 등을 자신이 가지고 있는 것보다 더 좋게 보고 스스로 불행하다고 여긴다.

비교의 대상에 있어서 자신과 다른 사람만 비교하는 것이 아니다. '왕년에 호랑이 안 때려잡았다는 사람 없다.'는 속담처럼 '과거의 나'와 '현재의 나'를 비교함으로 현재의 자신을 불행하다고 여기기도 한다. 흔히 과거에 성공했던 사람들이나 잘 살았던 사람들이 이 비교의 함정에 많이 빠진다. 더 나아가 다른 사람과 비교하여 자신이 잘났다는 비교의 함정에 빠져 교만해지기도 한다.

비교 함정의 위험성은 먼저 자신의 장점과 매력을 잊어버릴 뿐더러 스스로 패배자라는 생각에 사로잡히게 되거나 정신적 공황상태까지 빠지는 것이다. 또한 비교 함정의 또 다른 위험성은 교만이다. 다른 사람보다 우월하다고 생각하여 교만하므로 겸손을 상실하게 된다. 교만은 패망의 선봉이요, 넘어짐의 앞잡이가 되는 위험성이 있다(잠 16:18).

113. 빈곤의 악순환

어린 시절의 겨울은 춥기도 추웠지만 배고픔으로 인하여 몹시 추운 계절로 기억에 남아 있다. 산에 가서 나무를 해 오거나 가마니를 칠 때는 세끼 식사를 할 수 있었지만 일거리가 없을 때는 하루 세끼의 식사는 사치였다. 여덟 식구가 아껴서 하루 두 끼니만 먹어도 봄이 되면 쌀이 떨어진다. 부모님은 자식들을 굶기지 않으려고 부잣집에 사정을 해서 '장리쌀'을 빌려다가 먹었다. '장리쌀'은 빌려주는 쌀의 절반 이상을 한 해 이자로 주기도 하고 빌리는 곡식을 말한다. 흔히 봄에 꾸어 주고 가을에 받기에 연 100%가 넘는 고리였지만 다른 방법이 없었다. 그래서 겨울이 지나면 식량이 모자라서 다시 장리쌀을 쓰는 빈곤의 악순환에 시달렸던 것이다.

미국의 경제학자 넉시(R. Nurkse)가 '빈곤의 악순환'이라는 용어를 처음 사용했다. 그는 빈곤해서 투자할 여력이 없고, 투자가 없으니 제품을 만들 수 없고, 제품이 없으니 팔 것이 없어 빈곤한 상태를 벗어나지 못하는 것을 '빈곤의 악순환'이라고 했다. 빈곤에는 물질적으로 궁핍한 '경제적 빈곤'이 있고, 정서가 메말라서 강퍅해지는 '정서적 빈곤'이 있고, 믿음이 떨어져서 자기중심으로 사는 '영적 빈곤'이 있다.

악순환의 고리를 끊지 않으면 다람쥐가 쳇바퀴를 돌 듯이 악순환이 반복된다. 선순환(善循環, virtuous circle)은 좋은 현상이 자꾸 되풀이됨을 말하지만 악순환(惡循環, vicious cycle)은 나쁜 현상이 자꾸 되풀이됨을 말한다. 하나님께서 우리들에게 악순환의 고리는 끊고 선순환의 고리는 이어가는 방법을 가르쳐 주셨으니 "이 율법책을 네 입에서 떠나지 말게 하며 주야로 그것을 묵상하여 그 안에 기록된 대로 다 지켜 행하라 그리하면 네 길이 평탄하게 될 것이며 네가 형통하리라"(수 1:8)는 것이 그 비결이다.

114. 사막화 현상

유엔환경계획(UNEP)에 따르면 매일 잠실주경기장 면적의 2,000배, 울릉도의 2배에 해당하는 토지가 매일 지구상에서 사라지고 있다고 한다. 사막화 속도가 점점 빨라지면서 1년 동안 이 지구상에서 없어지는 토지가 우리나라 남한 면적의 60%에 해당한다고 한다. 사막화란 기후 및 환경 변화로 인하여 토양이나 산림이 황폐화되어 사막으로 변하는 현상을 말한다.

사막화가 가장 심각한 몽골의 경우 국토의 41%가 고비사막이며, 국토의 90%가 사막화의 영향을 받고 있다. 이와 같은 사막화로 인하여 목초지와 농지가 급속도로 감소하고 있다. 사막화로 인하여 황사의 발생, 지구의 온난화, 토양에 나트륨, 칼슘과 같은 염류화의 축적, 동식물의 멸종, 기아와 빈곤의 악순환이 발생한다.

토지에만 사막화 현상이 생기는 것이 아니다. 예수님께서는 '씨 뿌리는 비유'에서 '좋은 밭'도 있지만 '나쁜 밭'(길가, 돌밭, 가시덤불밭)도 있다고 했다. 아무리 정성껏 씨를 뿌렸을지라도 나쁜 밭은 좋은 열매를 많이 맺을 수 없다. 그러므로 많은 열매를 맺으려면 좋은 밭이 되어야 한다.

사막화의 가장 큰 요인 중의 하나는 연중 강수량보다 증발량이 많은 데 있다. 좋은 밭도 비가 내리지 않거나 흡수한 비의 양보다 증발하는 양이 많으면 사막화된다. 주일을 거룩하게 지키고, 영과 진리로 예배하므로 은혜의 단비를 공급받지 못하면 자신도 모르는 사이에 심령의 사막화가 진행되어 죄에 무감각해지고, 강퍅해지고 만다. 우리 자신의 심령은 지금 옥토로 진행되는 옥토화 과정에 있는가? 아니면 가물어 메말라 가는 사막화 과정에 있는가?

115. 사무시대

요즘 시대를 일컬어 '사무시대'(四無時代)라고 한다.

사무(四無)는 먼저, '무감동'이다. 정서가 메말라서 어지간한 일에는 감동을 받지 않는다. 피리를 불어도 춤을 추지 않고, 애곡해도 가슴을 치며 함께 아파하지 않는 시대가 되었다.

둘째로, '무책임'이다. 아담과 하와가 선악과를 먹은 후 아담은 하와에게, 하와는 뱀에게 책임을 전가한 것처럼 책임을 지는 사람이 없는 시대이다.

셋째로, '무관심'이다. 자기의 유익이나 좋아하는 것에만 관심이 있지 그 외에 것에는 관심이 없다. 부모는 자식을 낳아 놓기만 하고 관심을 갖고 바르게 양육하려 하지 않는다. 자식도 부모에게 관심을 갖지 않고 방치한다. 오직 자신에게만 관심이 있을 뿐이다.

넷째로, '무목적'이다. 목적 없이 먹고 마시고, 목적 없이 돈 벌고, 목적 없이 인생을 산다. '내가 왜 이 땅에 태어났는가?', '하나님이 내 삶을 통해 원하시는 것이 무엇인가?'를 생각하지 않고 바람이 부는 대로, 물결이 치는 대로, 되는 대로 살아갈 뿐이다.

사무시대의 특징은 인본주의, 자기중심주의, 냉소주의
가 나타난다. 성도들은 이와 같은 악한 세상을 하나님의
뜻을 따라 항상 기뻐하고 쉬지 말고 기도하고 범사에 감
사하므로 이겨야 한다(살전 5:16-18).

116. 사소한 일에 목숨을 걸지 말라

전북 군산시의 한 아파트 7층 베란다 난간에서 턱걸이
를 하던 중학교 2학년 A군이 떨어져서 사망하는 사건이
발생했다. 일명 '목숨 걸기 게임'의 하나로서 목숨을 걸고
베란다에 매달려 턱걸이를 하다가 힘이 빠져 떨어졌다고
한다.

'러시안 룰렛게임(russian roulette game)'은 권총에
1개의 총알만 넣고 실린더를 돌린 뒤에 서로 돌아가며 총
을 자기 머리에 대고 쏘는 방식이다. 당연히 불발되고 난
다음 사람에게 기회가 올 때마다 사망할 확률이 높아진
다.

'치킨게임'은 1950년대 미국 젊은이들 사이에서 유행

하던 자동차 게임의 이름으로, 한밤중에 도로의 양쪽에서 두 명의 경쟁자가 자신의 차를 몰고 정면으로 돌진하다가 먼저 핸들을 꺾는 사람이 지는 게임이다. 어느 한쪽이 양보하지 않으면 둘 다 파멸하는 게임이다. 이것은 미국에서 '겁쟁이'를 '닭(chicken)에 비유하는 데서 그 이름이 유래되었다.

　미국의 심리상담 치료사인 리차드 칼슨은 〈우리는 사소한 것에 목숨을 건다〉라는 책을 출판했다. 이를 볼 때 미국 사람들도 사소한 것에 목숨을 거는 것 같다. 한국이나 러시아를 비롯하여 전 세계에서 사소한 것에 목숨을 거는 일들이 왜 이리 많은 것일까? 왜 현대인들은 사소한 것에 목숨을 거는 일상을 반복하는 것일까? 자신의 담력이나 우월한 능력을 보이고 싶은 심리에서 더욱 극단적인 게임 곧 목숨을 건 게임을 선호하게 된다.
　또한 스트레스를 제대로 해소하지 못한 채 극단적으로 해소하고자 하는 심리도 같이 작용한다고 할 수 있다. 우리 그리스도인들은 무엇에 목숨을 걸어야 하는가? 칼슨은 그의 책에서 이 세상의 모든 일이 사소하다고 말한다. 우리 그리스도인들에게 있어서 순교하지 않아도 될 일들은 모두 사소한 일에 속한다. 하지만 순교할 일이라면 목숨을 걸어야 한다.

117. 사울의 성공과 몰락

사울은 기름부음을 받았을 때 세 가지 선물을 받았다 (삼상 10장). 첫째는 왕권이요(1절), 둘째는 하나님의 영 곧 성령이며(6절), 셋째는 새로운 마음이다(9절). 그러나 사울은 왕이 되어 돈과 권력이 생기면서 다윗을 질투하고 미워하게 되고, 선지자 사무엘을 무시하고 자신이 제사를 드리고, 하나님 말씀을 무시하고 반역하게 되었다.

그 결과, 사울은 왕권을 잃었고(삼상 16:1), 성령은 떠났고(삼상 16:14), 결국 자살하고 말았다(삼상 31:4). 기름부음을 받아 세상의 권세를 얻어 성공하고, 성령충만을 경험하기도 하고, 새로운 마음으로 백성을 다스리기도 했던 그가 교만하게 되자 모든 것을 잃어버리게 되었다.

한번 악을 행하고 또 행하게 되면 마음이 강퍅하게 되

어 점점 악에 대하여 무감각하게 된다. 성령이 떠나면 악령이 들어와서 역사하게 된다. 하나님은 다윗과 사무엘을 보내서 그를 돕게 하였으나 사울은 다윗을 죽여 없애려 하였고, 사무엘의 말을 거역하였다.

하나님께서는 사울이 죄를 지었다고 그냥 바로 왕권을 빼앗지 않았다. 하나님은 기다려 주시는 분이다. 그가 다시 돌아오기를 기다리신다. 그런데 사울은 돌아오지 않고 스스로 파멸로 나아갔다. 그런 후에 하나님께서는 그의 왕권을 빼앗아 다른 사람에게 주었다. 타락은 한순간에 다가오기 보다는 서서히 다가온다. 심령이 완악해져서 죄를 지어도 무감각해지고, 말씀을 들어도 감동이 없으며 더 나아가서는 말씀에 귀를 기울이지 않는다. 사울이 영성을 잃을 때 그는 모든 것을 잃었다. 당신의 영성은 지금 어떠한가?

118. 사탄의 묘수

짐 콜린스는 그의 책 〈좋은 기업을 넘어 위대한 기업으로(GOOD TO GREAT)〉에서 기업이 진정으로 성공하지 못하는 결정적인 이유는 단 하나의 치명적인 단점 곧 좋은 것에 머물기 때문이라고 했다. 진정한 성공이란 좋은 것 이상의 것, 위대한 것이 있어야 한다. 그러므로 단지 좋은 것에 머물지 않고 잘하는 것에 집중하여 위대한 것을 창출해야 한다.

다윗은 양을 치면서 물맷돌 던지기를 수없이 반복하는 동안 잘하게 되었다. 양을 치면서 무료함을 달래기 위해서 수금을 켜기도 했다. 그는 그것을 반복하는 동안 물맷돌을 잘 던지고 수금을 잘 켜게 되었다. 양치기들은 대부분 물맷돌을 잘 던지고 수금을 잘 켠다. 그러나 다윗은 물맷돌 던지기를 골리앗을 무찌를 때 사용하여 위대함으로 발전시켰으며, 깊은 영성으로 켜는 수금은 사울의 마음을 시원하게 만드는 위대함으로 승화시켰다. 다윗은 물맷돌 던지기와 수금 켜기의 전문성을 지니고 있었으며 그것에 영성을 추가하여 폭발적인 시너지 효과를 가져왔다.

주명수 목사님도 그의 책 〈할렐루야 변호사〉에서 한 손에는 전문성, 한 손에는 영성을 잡으라고 했다.

사탄은 애초에 '좋은 것'(GOOD)을 주고자 하는 마음도 없으나 '위대함'(GREAT)을 주지 않으려고 '좋은 것'(GOOD)을 허락하고 그것에 만족하도록 미혹한다. 재능에 하나님의 능력이 더해지고, 지혜에 하나님의 총명이 보태지고, 지식에 하나님의 말씀이 더해질 때 '위대함'이 창조된다. 사람의 도움은 '더하기'이지만 하나님의 도우심은 '곱하기' 그 이상이다.

119. 살인방화범 현상수배

이솝 우화를 쓴 이솝에게 그의 주인은 가장 맛있는 음식을 만들라고 했다. 그는 이 세상에 혀보다 더 좋은 것이 없기 때문에 온갖 짐승의 혀로 음식을 만들어 바쳤다. 이번에는 주인은 그에게 가장 나쁜 음식을 만들라고 보라고 했다. 그는 또 온갖 짐승의 혀로 음식을 만들어 내놓았다.

주인이 무슨 뜻으로 똑같은 음식을 만들었느냐며 화를 냈을 때 그는 혀가 모든 싸움의 근원이 되는 가장 나쁜 것이기 때문이라고 대답했다. '말 한마디로 천 냥 빚을 갚는다.' '곰은 쓸개 때문에 죽고, 사람은 혀 때문에 죽는다.'는 속담이 있다. 이런 속담은 말의 중요성을 일깨워준다.

중국의 풍도(馮道)는 그의 글 전당서(全唐書) 설시(舌詩)에서 "입은 곧 재앙의 문이요, 혀는 곧 몸을 자르는 칼이다. 입을 닫고 혀를 깊이 감추면 처신하는 곳마다 몸이 편하다(口是禍之門 舌是斬身刀 閉口深藏舌 安身處處牢/ 구시화지문 설시참신도 폐구심장설 안신처처뢰)"라고 했다. 입은 재앙을 불러들이는 문이라는 '구화지문(口禍之門)'이 여기서 유래되었다. 그는 혀를 조심하여 재상을 지내며 장수했다.

혀는 입속에서 음식을 먹을 때 음식을 잘 씹을 수 있도록 도와주고, 음식의 맛을 느끼고, 소리를 만드는 일을 담당한다. 입의 말은 자기 운명을 결정할 수 있는 파괴력도 있고, 성공하게 하는 힘도 가지고 있다. 혀의 말은 축복의 문을 열기도 하고 재앙을 불러오기도 한다. 입의 말이 부드러우면 그 사람을 부드러운 사람으로 평가한다. 그러나 입의 말이 거칠면 그 사람을 거친 사람으로 평가한다.

솔로몬은 잠언에서 횃불을 던져 불을 내고, 화살을 쏘아 사람을 죽이는 미친 사람이 있다고 했는데 그 사람은ㄴ 바로 말로 자기 이웃을 속이고 희롱하는 자라고 했다(잠 26:18-19).

120. 새사람증후군

미국에 노인만 4명인 작은 교회가 있었다. 4명이 있을 때는 교회 분위기가 평화롭다. 그러나 새 가족 1명만 더 생기면 그 사람을 얼마나 괴롭히던지 그 사람은 결국 교회를 떠나야 했다. 한 사람이 떠나 다시 4명이 되면 다시 교회는 평안해지는 반면에 1명이 더 생기면 교회가 분란에 휩싸이게 되었다. 그 이유는 그 교회의 묘지 여분이 4기밖에 없었기 때문이었다고 한다.

새집을 마련하여 이사하면 집안에서 시멘트, 본드, 나무 등의 냄새로 인해 머리가 아프거나 때로는 알레르기가 생기기도 한다. 이를 흔히 '새집증후군'이라고 부른다. 또 새차를 구입하면 차 냄새로 인해 골치가 아픈 경우가 많은데 이를 '새차증후군'이라고 부른다. 집을 떠나 다른 곳으로 여행을 가면 화장실에 가도 시원하게 볼 일을 보지 못해 고생하는 경우가 있는데 이를 '새변기증후군'이라고 한다. 이는 다른 여러 요인들이 복합하여 나타나지만 늘 사용하던 익숙한 변기가 아닌 다른 변기에 대한 예민한 반응도 한 요인이 된다.

사회가 복잡해지면서 별의별 증후군이 다 있는데 그 중 교회 안에 '새사람증후군'이 있다. 새 사람이 교회에 들어오면 그로 인하여 자신의 입지, 사랑, 관심 혹은 권리가 줄어들게 될까 봐 새 사람을 괴롭히는 현상이다. 이런 일은 가정에서 동생이 태어났을 때, 엄마가 보지 않을 때 동생을 괴롭히는 현상으로 나타난다. 교회의 부흥과 성장은 성도들이 '새사람증후군'을 극복할 때 더 촉진된다.

121. 성공과 실패는 당신의 선택에 달려 있다

어느 가정에 한 아버지는 술을 매우 좋아할 뿐 아니라 술이 없으면 하루도 못 사는 알코올 중독자였다. 이것을 보고서 자란 큰아들은 술주정뱅이가 되었다. 아버지에게서 보고 배운 것이 술을 마시는 것밖에 없었다는 것이다. 둘째 아들은 입에서 술을 대지도 않았다. 그 이유는 아버지에게서 보고 배운 것은 술을 마시면 안 되겠다는 것뿐이었다는 것이다. 두 아들 모두 아버지의 술 먹는 모습을 같이 보고 자랐어도 한 사람은 술주정뱅이가 되었고, 한 사람은 술과는 담을 쌓은 사람이 되었다.

바다에 두 척의 돛단배가 떠 있는데 한 배는 동쪽으로 가고 있었고, 다른 배는 서쪽으로 가고 있었다. 같은 바다에서 같은 바람을 맞고 있음에도 같은 방향이 아니라 다른 방향으로 가는 이해할 수 없는 일이 생겼다. 왜 그럴까? 같은 방향의 바람을 맞았을지라도 돛단배의 돛의 방향에 따라 달라졌던 것이다. 백두산 천지의 물은 두만강을 거쳐 동해로 갈 수도 있고, 압록강을 거쳐 서해로 갈 수도 있다.

같은 환경일지라도 전혀 다른 결과가 나타날 수 있다. 그것은 환경을 어떤 생각을 가지고, 어떻게 해석하고, 어떻게 반응하느냐에 달려있다. 상황이 어렵다고 다 실패하는 것이 아니다. 성공과 실패는 마음에 달려 있다. 성공과 실패는 그 해석에 달려 있다. 성공과 실패는 그 반응에 달려 있다. 하나님은 "무릇 지킬 만한 것보다 자기 마음을 지키는 자가 복되다"고 했다(잠 4:23).

122. 세 종류의 편견

외국에서 사업을 하는 사람이 현지인 가정부 한 명을 두었다. 가정부는 매일 청소와 빨래와 요리를 담당했는데 단 한 가지 집에 있는 냉장고에 있는 술병의 술이 조금씩 줄어든다는 것을 빼고는 마음에 쏙 들었다. 그는 가정부가 몰래 자기의 술을 마시는 것이 아닌가 하는 의심을 했다. 슬며시 술을 마실 줄 아느냐고 물었더니 자신은 전혀 술을 마시지 못한다고 했다. 그럼에도 불구하고 술이 줄어들었다. 그래서 그는 거짓말로 자기를 속이는 가정부를 골탕 먹여야겠다고 생각하고서 술이 남은 병 안에 오줌을 채워 냉장고에 넣어 두었다.

며칠이 지났는데 여전히 술병의 술이 줄어들고 있었다. 그는 가정부를 불러 냉장고에 있는 술을 마셨느냐고 물었다. 그때 그녀는 "저는 마시지 않았습니다. 요리할 때 조금씩 사용했을 뿐입니다."라고 했다.

누구든지 오해와 편견을 가질 수 있다. 오해와 편견은 좋은 관계를 깨뜨리고 나쁜 관계를 낳는다. 편견에는 세 가지 종류가 있다. 첫째는 직접적으로 편견의 말이나 주장을 공공연하게 드러내는 '공공연한 편견'이 있다. 이 편견을 가진 자는 특정 집단이나 대상에 대해 편견어린 말과 행동을 서슴지 않는다. 둘째는 무의식적으로 갖게 되는 편견 곧 잠재의식에 갖고 있는 '암묵적인 편견'이 있다. 이런 사람은 겉으로는 편견을 거부하는 것처럼 행동하지만 위장이 가능하다면 편견어린 태도를 보인다. 셋째로 뇌와 지각(perception)의 차원에서 편견이 드러나는 '자동적인 편견'이 있다. 편견이 생길 때 여호와께서 사무엘에게 하셨던 "그의 용모와 키를 보지 말라 내가 이미 그를 버렸노라 내가 보는 것은 사람과 같지 아니하니 사람은 외모를 보거니와 나 여호와는 중심을 보느니라"(삼상 16:7)는 말씀을 묵상하면 도움이 된다.

123. 셀프 축복

어떤 사람은 오늘날의 시대를 '셀프시대'라고 한다. 셀프 서비스, 셀프 주유, 셀프 충전, 셀프 여행, 셀프 소개팅, 셀프 부양, 셀프 촬영, 셀프 인테리어, 셀프 제작, 셀프 홍보, 셀프 계산대, 셀프 리더십 등의 용어가 사용되는 것을 볼 때 셀프시대임을 절감하게 된다. 제니퍼 로스차일드는 그의 책 〈내 영혼에게 말 걸기(Self Talk, Soul Talk)〉에서 우리는 누구나 자신과 대화(self talk)를 하지만 거의 의식하지 못하는 경우가 많다고 한다.

일반적으로 사람들이 사용하는 언어를 살펴보면 90%는 부정적인 언어를 사용하고, 10% 정도만 긍정적인 언어를 쓰는 것으로 조사되었다. 이런 습관은 자신에게도 나타나는데 스스로 '못난 놈', '멍청한 놈', '돌대가리',

'꼴도 보기 싫은 놈' 등과 같은 말을 한다. 남들로부터 그런 말을 들어도 기분이 나쁜 데 자신의 영혼을 향하여 자신의 영혼에게 그런 말을 할 때 역시 나쁜 영향을 끼친다. 하지만 많은 사람들이 자신에게 어떤 말을 하고 있는지 전혀 생각해 보지 않고 산다.

베들레헴 촌놈이었던 다윗은 훗날에 민족의 영웅이 되었다. 다윗을 비롯하여 시편의 저자들은 셀프 토크의 대가였다. 또한 시편 저자들은 스스로 자신에게 용기와 격려를 하고 있다.

"내 영혼아 네가 어찌하여 낙심하며 어찌하여 내 속에서 불안해하는가 너는 하나님께 소망을 두라"(시 42:5) "네 짐을 여호와께 맡기라 그가 너를 붙드시고 의인의 요동함을 영원히 허락하지 아니하시리로다"(시 55:22) "내 영혼아 여호와를 송축하며 그의 모든 은택을 잊지 말지어다"(시 103:2) "내 영혼아 네 평안함으로 돌아갈지어다"(시 116:7) "할렐루야 내 영혼아 여호와를 찬양하라"(시 146:1)

신은경은 그의 책 〈홀리 스피치〉에서 셀프 토크가 인생을 바꾼다고 했다.

124.소문의 속도 🍇

어떤 사람이 3만 명이 거주하는 도시에 소문이 어느 정도로 빠르게 퍼지는지를 수학적으로 계산했다. 1명이 3명에게 소문을 전하는데 약 15분이 소요되고, 오전 8시에 소문이 퍼지기 시작할 때 다음과 같은 결과가 나타난다고 했다.

08:00   1명
08:15   1명+(1명×3명)=4명
08:30   4명+(3명×3명)=13명
08:45   13명+(9명×3명)=40명
09:00   40명+(27명×3명)=121명
09:15   121명+(81명×3명)=364명
09:30   364명+(243명×3명)=1,093명
09:45   1,093명+(729명×3명)=3,280명
10:00   3,280명+(2,187명×3명)=9,841명
10:15   9,841명+(6,561명×3명)=29,524명

결과적으로 2시간 반도 못 되어서 도시 전체에 소문이

퍼지게 되었다. 부정적인 소문과 긍정적인 소문 중에 어느 것이 더 빠르게 전파되는가? '어느 연예인이 자살했다.'(부정적 소문)와 '어느 연예인이 아이를 입양했다.'(긍정적 소문)로 실험한 결과는 나쁜 소문이 84%, 좋은 소문은 16%의 비율로 퍼져나갔다. 나쁜 소문이 좋은 소문보다 5배 이상 더 빨리 퍼졌다.

탈무드에는 살인은 한 사람만 죽이나 험담은 세 사람을 죽인다고 했다. 곧 험담을 퍼뜨린 자, 험담의 대상, 험담을 들은 사람이라고 했다. 우리는 생명을 죽이는 말이 아닌 영혼을 살리는 복음을 전하는데 5배 이상 힘써야 한다.

125. 솔로몬의 3대 실책

신명기는 이스라엘 백성들이 가나안 입국을 앞두고 모압 평지에서 모세를 통하여 주신 하나님의 말씀이다. 그래서 이를 '모세의 고별설교'라고 부르기도 한다. 시내산에서 율법을 들었던 세대가 광야에서 모두 죽었다. 모압 광야에서 모세의 설교를 듣는 대상은 출애굽 2세대였다.

하나님께서는 장차 왕정제도가 생겨날 것임을 아시고 모세를 통하여 왕으로 즉위하는 자는 세 가지를 금하라고 했다(신 17:16-17). 첫째로, 말을 많이 두지 말라. 둘째, 아내를 많이 두지 말라. 셋째, 은금을 많이 쌓아 두지 말라고 했다. 나귀는 농경사회에서 꼭 필요한 짐승이었지만 말은 전쟁과 사냥에 필요한 동물이다. 나귀는 '평화'를 상징하는 반면 말은 '전쟁'을 상징한다. 더 나아가 말은 '우월감'과 '교만'을 상징하기도 한다. 고대 사회의 왕들은 자신이 소유한 말의 수로 군사력을 과시했다. 솔로몬은 군사력 증강을 위하여 말을 많이 두었다. 또한 솔로몬은 '아내를 많이 두지 말라.'는 명령을 어기고 700명의 후궁과 300명의 첩을 두었다(왕상 11:3). 또한 솔로몬은 은금을 많이 쌓아 두지 말라는 계명을 어기고 큰 금 방패를 200개나 만들고, 작은 방패 300개를 만들어 레바논 나무 궁에 두었다(왕상 10:16-17). 방패는 금이 아니라 놋으로 만들어야 더 견고함에도 금 방패를 만든 것은 금이 많았다는 사실과 창고에 쌓아 두므로 만족했음을 보여 준다.

솔로몬이 죽은 후 르호보암 때에 그 동안 쌓아 두었던

금 방패를 모두 약탈당했다. 아무리 지혜가 많아도 하나님의 말씀을 떠나면 모든 것을 잃게 된다. 그러므로 여호와를 경외함이 축복 중에 가장 큰 축복이다.

126. 순종 반응과 불순종 반응

바르(Bargh) 연구팀은 실험대상자들이 모르게 '자신이 늙었다.'는 생각을 심어주었다. 그리고 그들을 에스컬레이터로 이동하게 했다. 그리고 그 이동시간을 측정했더니 그렇지 않은 사람들보다 걸음이 더 느렸으며 시간도 더 걸렸다. 이는 생각이 생활에 직접적인 영향을 끼치는 사례 중 하나라고 할 수 있다.

신명기는 이스라엘 백성들이 애굽에서 나와 광야를 거의 다 지난 후 요단 강 앞 모압 광야에 도착했을 때 이스라엘 백성들을 향한 모세의 최후 설교다. 하나님은 젖과 꿀이 흐르는 가나안 땅을 목전에 둔 자기 백성들을 향하여 "내가 오늘 명하는 모든 명령을 너희는 지켜 행하라 그리하면 너희가 살고 번성하고 여호와께서 너희의 조상들에게 맹세하신 땅에 들어가서 그것을 차지하리라"(신 8:1)고 했다.

여기서 '내가'는 명령의 주체가 모세가 아닌 하나님 자신임을 설명하고, '오늘'은 명령의 시기가 현재임을 말하고, '모든 명령'은 명령의 범위를 밝히고 있다. 일반적으로 하나님 명령에 대하여 두 가지 반응이 있다. 하나는 '그리하면'으로 표현되는 '순종 반응'이다. 다른 하나는 '그리하지 아니하면'으로 표현되는 '불순종 반응'이다. 순종 반응의 결과는 '너희가 살고 번성하고 여호와께서 너희의 조상들에게 맹세하신 땅에 들어가서 그것을 차지하리라'였다.

신명기 전체의 기본구조는 순종의 결과는 축복이요, 불순종의 결과는 심판이다. 이는 신명기적 역사관에 근거해 기록된 모든 역사서도 동일하다. 하나님께서는 이스라엘 백성들에게 가나안을 앞두고서 '하나님 중심적 사고', '말씀 순종의 사고', '축복 보장의 사고'를 가지도록 했다. 어떤 신앙 마인드를 가지고 사느냐에 따라 인생이 달라진다.

127. 숨통을 여는 바람길 🍇

 기상청에 의하면 2018년에 폭염은 111년 만의 일이었다고 한다. 너나 할 것 없이 폭염으로 인하여 고통스러웠지만 서울을 비롯하여 대도시에 살고 있는 사람들은 특히 더 견디기 어려웠다고 하는데 그 이유가 있었다.

 연구에 따르면 대도시는 주변 시골보다 낮 동안에는 1~3도 가량 기온이 높고, 밤에는 최대 12도까지 차이가 벌어진다고 한다. 도시의 대부분이 시멘트나 아스팔트로 이루어져 있기 때문에 시멘트는 태양열을 많이 받아들이고 열을 저장하는 성질이 있어 낮에 가열된 공기가 밤에도 쉽게 식지 않는다. 특히 시골에 비해 도시에는 자동차와 공장 등이 많으므로 배기가스 및 매연도 많이 나오게 되어 도시는 시골이나 도시 변두리보다 더욱 더워진다. 기온의 분포를 보면, 도시를 중심으로 기온이 높게 나타나고, 변두리 지역으로 점차 기온이 낮아진다. 이렇게 온도가 높은 부분의 대기가 도시를 섬 모양으로 덮고 있다고 하여 이런 현상을 도시의 '열섬효과(Heat Island Effect)'라고 한다. 이 열섬효과는 특히 밤에 기온차가 더 심해 밤이 되어도 기온이 내려가지 않는 열대야 현상을 나타낸다.

전 세계에서는 이러한 열섬현상을 완화하고자 만들어 낸 방법이 있는데 바로 '바람길(wind corridor)'이다. '바람길'은 바람이 통하는 길을 말하는데 바람이 부는 곳에 장애물을 없애 바람이 지날 수 있는 길목을 만드는 것이다. 물이 흐르거나 산 밑의 시원한 바람이 불어오도록 해서 맑고 시원한 공기가 흘러갈 수 있게 하는 것이다.

우리나라에서는 서울 청계천이 대표적인 예이다. 또한 강남 테헤란로나 강남대로 역시 '바람길'을 조성하는 데 큰 도움이 되었다고 한다. 마가의 다락방에 임한 성령의 역사는 초대 교회의 숨통을 여는 '바람길'이 되었다. 1907년 평양에 임한 성령의 역사는 한반도의 숨통을 여는 '바람길'이 되었다. 지금도 꽉 막힌 숨통을 여실 분은 오직 하나님뿐이시다.

128. 심장을 감찰하는 하나님

미국 심장학회 학회지에 실린 하트매스연구소 (Institute of HeartMath)의 연구 결과에 의하면 심장은 감정을 관리하고, 전자기장을 통해 감정을 신체의 모든 세포로 전달한다. 이 때 발생하는 전자기장은 1.5-3미터 떨어진 곳에서도 감지될 수 있다는 것이다. 심장의 전자기장은 뇌에서 나오는 전자기장보다 5,000배나 강력하다는 것이다. 사람들은 심장에서 나오는 전자기장은 3미터 떨어진 곳에까지 영향을 미치고, 뇌보다 5,000배나 강력한 파동을 낸다는 사실이 놀랍지 않은가?

결국 우리는 매순간 심장을 통해 긍정적이거나 부정적 에너지를 밖으로 내보내고, 주변 사람들은 그 파동을 통해 긍정적 혹은 부정적 에너지를 느끼게 된다. 그래서 상대방이 진실된 말을 하는지, 거짓된 말을 하는지 직감적으로 알 수 있게 되는 것이다. 이러한 심장은 바로 마음의 영향을 받는다. 마음이 편하고 즐거우면 심장의 기능이 더욱 활성화되고, 마음이 불편하고 괴로우면 심장의 기능이 저하된다.

시편 기자는 의로우신 하나님이 사람의 심장을 감찰한다고 했다(시 7:9). 예레미야도 하나님을 공의로 판단하시며 사람의 심장을 감찰하시는 분이라고 했다(렘 11:20). 하나님은 단지 심장의 박동을 살피시는 분이 아니라 심장을 통해 나오는 믿음과 불신, 긍정과 부정의 에너지를 아신다.

너희를 박해하는 자를 축복하라 축복하고 저주하지 말라
즐거워하는 자들과 함께 즐거워하고 우는 자들과 함께 울라

- 롬 12:14~15 -

'착시학교'에서 일어난 일
: 축복과 저주

129. 악어와 사자의 싸움

아프리카의 초원의 한 호수에 악어가 살고 있었다. 건기가 되어 물이 부족하게 되었을 때 사자가 그 호수로 와서 물을 먹으려 했다. 악어는 물을 지키기 위해 사자와 싸우기 시작했다. 사자도 물을 먹지 못하면 죽게 되므로 목숨을 걸고 싸웠다. 그들은 틈만 나면 죽기 살기로 싸웠다. 건기가 끝나고 우기가 되었음에도 그들은 여전히 싸움을 계속했다.

사실 여우는 악어를 찾아가서 '당신이 이 호수의 제왕인데 어떻게 사자가 그것을 넘볼 수 있느냐?'고 부추기고, 사자를 찾아가서는 '당신이 이 초원의 황제인데 악어가 어떻게 당신을 무시할 수 있느냐?'고 부추겼다. 처음에는 죽을까 봐 물을 가지고 싸웠는데 나중에는 자존심 때문에 싸웠다. 결국 악어와 사자는 죽기 살기로 싸우다가 둘 다 피투성이가 되어 죽고 말았다. 이때 여우는 음흉한 미소를 띠면서 그들의 시체를 먹어 치웠다.

검은 머리가 파뿌리가 되도록 건강할 때나 병들 때나 변하지 말고 사랑하며 살겠다고 부부간의 서약을 하고서도 때때로 죽기 살기로 싸우는 부부들이 있다. 교인들 간에도 이러한 일들이 있고, 이웃사촌 간에도 이러한 일들이 생기곤 한다. 때때로 신자들도 목숨을 걸고 순교할 것처럼 싸우는 것을 볼 수 있다.

천국에 가고 지옥에 가는 문제가 아니라면 순교의 각오로 싸우지 말라. "분을 내어도 죄를 짓지 말며 해가 지도록 분을 품지 말고 마귀에게 틈을 주지 말라"(엡 4:26-27)고 하신 말씀에 따라 '~하지 말라'는 3중 부정명령에 순종하여 승리하는 성도가 되어야 한다.

130. 열심보다 중요한 순종 🍇

'교회에서 열심 있는 교인이 왜 문제를 일으키는가?'에 대하여 어느 목회자는 심각한 고민에 빠진 적이 있었다고 한다. 위대한 전도자 바울의 생애를 보면 열심이 없이는 절대로 성공할 수 없고, 순종이 없이는 절대로 승리할 수 없음을 알 수 있다.

열심은 좋은 것이나 열심 때문에 문제가 생기기도 한다. 예수님을 대접하려는 마르다의 열심은 좋은 것이었다. 그러나 그 열심이 마리아에 대해 불평하고, 예수님의 마음을 불편하게 만들었다. 작은 일(대접)에는 성공했으나 영적으로는 승리하지 못했다. 초대 교회의 성도들은 하나님이 기뻐하는 구제에 열심이 있었다. 그러나 그 구제문제로 인하여 헬라파 유대인과 히브리파 유대인 사이에 갈등이 생기게 되었다. 구제에는 성공했으나 화목에는 실패했다. 빌립보 교회의 유오디아와 순두게는 대단한 열정을 가진 자들이었으나 두 사람 사이의 갈등이 교회의 짐이 되었다. 다윗은 법궤를 예루살렘 성으로 옮겨오려는 열심을 가지고 있었다. 그는 법궤를 옮기려는 열심이 있었지만 법궤를 옮길 때 지켜야 하는 하나님의 말씀은 모르고 수레에 실어 옮기려다가 실패하고 말았다. 열심만 앞섰지 하나님의 정하신 방법을 따르지 않았다.

이와 같이 하나님의 말씀을 잘 모르고 열심만 있는 경우 오히려 큰 시험을 초래할 수 있다. 좋은 일을 열심히 하면서 왜 영적으로 실패하는가? 하나님의 의를 모르고 자기 의를 세우려고 하다가 하나님의 의에 복종하지 않기 때문이다(롬 10:3).

131. 열정이 목표와 만날 때

존 우든은 열정이 없으면 성공도 없다고 했다. 성공한 대부분의 사람들은 열정의 소유자들이다. 축구선수가 운동장에서 쉬지 않고 열심히 뛴다고 성공하는 것이 아니라 골을 넣어야 성공하는 것이다. 다시 말하면 골을 넣는 목표를 이뤄야 훌륭한 선수이다.

어느 집에 부지런한 가정부가 들어왔다. 주인은 그녀에게 정원의 풀을 뽑으라고 했다. 몇 시간 후 풀을 다 뽑았다고 해서 나가보니 정원에 잔디가 하나도 없었다. 그녀는 잡초만 뽑은 것이 아니라 잔디까지 몽땅 뽑았던 것이다. 그래서 잔디를 다시 사다가 심었다고 한다. 가정부의 열정은 칭찬받아야 하지만 잔디까지 뽑은 것은 꾸지람을 받아야 했다. 열정이 있다고 해서 다 좋은 것이 아니다. 좋은 일에 대한 열정은 좋은 결과를 가져오지만 반대로 잘못된 일에 대한 열정은 오히려 일을 그르친다.

분산된 상태가 통합되어 상승작용을 나타내는 것을 '시너지 효과'(Synergy Effect)라고 한다. 협력과 상호 보완을 통해 1+1을 2 이상으로 만드는 것이 시너지 효과라면, 1+1이 2가 되지 못하는 그 반대의 효과가 나타나는 경우도 있는데 이를 '링겔만 효과'(Ringelmann Effect)라고 한다. 이런 현상은 공동체 안에서만 발생하는 것이 아니라 개인생활에서도 나타난다.

우리말 속담에 '열 가지 재주를 가진 사람이 끼니 걱정한다'는 말처럼 재주가 많아서 여러 가지를 잘하지만 한 가지 일에 집중하지 못하기 때문에 시너지 효과를 보지 못하고 링겔만 효과가 나타나기 때문이다. 바울은 성공적인 삶을 위하여 달음질을 잘 하려면 방향을 잘 정해야 하고, 싸움에서 이기려면 허공에다가 헛 손길을 하지 말아야 한다고 했다(고전 9:26). 분명한 목표에 열정이 보태질 때 목표를 빨리 이룰 수 있다.

132. 오 리를 더 가라

로마제국이 전 세계를 지배하던 시절에 로마 군인들은 자주 전쟁터에 나갔다. 보급이 원활하지 못했던 시절에 로마 군인들은 많은 짐을 지고 다녀야 했다. 마을이 있는 곳에 도착하면 군인들은 으레 민간인들에게 짐을 지게 했다. 이런 관행이 원성을 사게 되자 로마제국은 백성들이 로마 군인들의 짐을 1마일(밀리온)까지만 떨어진 곳까지 지고 가면 된다는 법을 공포했다. 그래서 마을마다 그 거리를 초과할 수 없도록 1마일의 구간 표시를 한 막대기가 있었다. 로마 병사들이 요청하면 정확하게 막대기로 표시되어 있는 1마일만 가면 되었다.

그런데 예수님은 산상수훈에서 '누구든지 너로 억지로 오 리를 가게 하거든 그 사람과 십 리를 동행'(if someone forces you to go one mile, go with him two mile)하라고 했다(마 5:41) 여기서 '오 리'는 1마일을 가리키는 '밀리온'이란 단어로서 이는 거리를 나타내는 단위이다. 당시 로마의 1마일은 군인 1,000보의 거리였다. 예수님은 로마 병사가 1마일을 가자고 하면 1마일을 더 가라고 했다. 곧 남들의 기대와 요구보다 더 하라는 교훈이었다.

시부모는 덕망 있는 맏며느리가 어쩌다가 실수를 하면 섭섭해 하지만 막내며느리는 명절에만 나타나 한 번 효도로 큰 칭찬을 받는 경우가 많다. 이는 '기대치 위반 효과'(Expectation Violation Effect), 일명 '맏며느리 신드롬' 때문이다. 만약 상대방이 이런 기대와 예상을 긍정적으로 위반하면 호감도가 상승하고, 부정적으로 위반하게 되면 호감도가 줄어든다.

133. 왜 예배시간이 길다고 불편해하는가?

운전을 하다보면 똑같은 길인데도 갈 때보다 돌아올 때 시간이 덜 걸리는 것처럼 느껴지는 경우가 많은 데 이를 '귀갓길 효과'(round trip effect) 혹은 '돌아오는 길 효과'(return trip effect)라고 한다. 전문가들이 여러 실험을 통해 조사한 결과에서도 갈 때의 시간과 돌아올 때의 시간의 차이가 거의 없음에도 불구하고 '귀갓길', '돌아오는 길'을 더 짧게 인식하는 것으로 나타났다.

시간의 차이가 별로 없음에도 돌아올 때의 소요시간을 더 짧게 느끼는 것이므로 이는 심리적 요인이 작용하고 있음을 알 수 있다. 땡볕에서 일을 할 때는 시간이 너무 더디 가는 것 같고, 재미있는 일을 할 때는 시간이 너무 빨리 가는 것처럼 느껴진다. 군대에서 유격훈련을 받을 때는 시간이 멈추어 있는 것 같지만 휴식시간에는 시간이 날개를 단 것처럼 빠르게 느껴진다. 하기 싫은 공부를 할 때는 시간은 더디 가고, 재미있는 게임을 할 때는 시간이 빨리 가는 것처럼 느낀다.

같은 시간인데도 왜 예배시간이 길다고 불편해하는가? 왜 기도시간이 길다고 불평하는가? 혹시 예배와 기도시간보다 더 좋아하는 것이 있어서 그런 것은 아닌가? 예수님께 나온 사람들 중에 예수님을 만난 사람들은 돌아갈 때 기쁨과 감격을 가지고 돌아갔다. 예나 지금이나 예수님은 변함이 없으시다. 매 예배마다 하나님을 만나야 한다. 매 시간마다 예수님을 경험해야 한다. 교회에 갈 때

도살장으로 가는 것처럼 힘들지라도 영과 진리로 예배하고 은혜를 받으면 지금도 은혜로운 영적 귀갓길 효과가 나타난다.

134. 웃음의 파워

미국의 '토요 리뷰'의 편집인이며, 웃음학의 아버지라고 불리는 노만 카슨스는 희귀병인 '강직성 척수염'이라는 병에 걸렸었다. 그는 자신의 병이 나을 수 없다고 생각하고 좌절했다.

그 때 그는 한스 셀리가 지은 〈삶의 스트레스〉라는 책을 보고 마음의 즐거움은 양약이라는 말에 감동을 받았다.

그는 '아하, 가장 좋은 약은 마음의 즐거움에 있구나.'라고 생각하고 '나는 오늘부터 웃어야지, 즐겁게 살아야지'라고 다짐하고 계속 웃었다고 한다. 계속 웃으니 아픈 통증이 사라지면서 손가락 하나가 펴지게 되었단다. 그는 계속 가족과 함께 웃으면서 점점 호전되어 완전히 나았다고 한다. 이 일이 계기가 되어 하버드대학과 스텐포드대학에서 웃음을 연구하여 웃음의 치료효과에 대한 수백 가지 놀라운 사실들을 발견하게 되었다고 한다.

　노만 카슨스는 미국 UCLA대학교에서 웃음과 건강연구를 위해서 일생을 바쳤다. 그는 그의 베스트셀러 〈질병의 해부〉에서 '웃음은 방탄조끼'라고 말하고 있다. 웃음은 탁월한 신체 면역효과가 있으며, 웃음은 마음과 정서를 건강하게 하는 힘이 있으며, 웃음은 사람을 끄는 힘이 있다. 그렇다. 성경에 이르기를 마음의 즐거움은 양약이라도 심령의 근심은 뼈로 마르게 한다고 했다(잠 17:22).
　거울은 먼저 웃지 않는다. 내가 먼저 웃으면 거울도 당신에게 웃는 모습을 보여줄 뿐이다.

135. 유목민 사고와 정착민 사고

　중동지역에 가면 베두인족을 만날 수 있다. 그들은 천막 안에 꼭 필요한 최소한의 생활 도구만 지니고 산다.

가축 먹일 물과 풀밭을 찾아 주기적으로 떠돌아다니며 사는 사람들을 유목민이라고 한다.

구약 성경의 창세기에는 이스라엘 백성들이 주로 유목민을 생활을 했다. 그러나 그들이 애굽에서 나와 가나안 땅에 들어가서 유목민 생활에서 정착민 생활로 바뀌었다. 노아도 방주에서 나온 후 농사를 짓고 포도나무를 심었다고 했는데 이는 그의 생활이 정착민 생활로 바뀌었음을 말한다.

유목민과 정착민은 생각의 구조와 가치관이 많이 다르다. 유목민은 천막으로 집을 짓는 반면 정착민은 오래도록 견딜 수 있는 재료로 짓는다. 유목민은 이사를 자주 가기 때문에 가능한 대로 쌓아 두지 않는 반면 정착민은 이사를 자주 하지 않기 때문에 가능한 대로 많이 쌓아 두려 한다. 유목민은 울타리를 만들지 않는 반면 정착민은 집을 짓고 울타리를 만들거나 성을 쌓는다. 그리고 우물을 파고 길을 낸다. 유목민은 자신들이 나그네임을 알고 살던 곳에서 쉽게 떠날 수 있는 반면 정착민은 주인으로 생각하여 쉽게 버리고 떠나지 못한다.

롯은 유목민으로서 아브라함과 함께 살 때는 쉽게 떠날 수 있었던 반면 소돔성에 정착을 하고 살 때는 천사가 찾아와서 나가라고 할 때 쉽게 떠날 수 없었다. 당신의 가치관은 유목민 사고와 정착민 사고 중 어디에 가까운가?

136. 이름값을 하는 사람, 이름값을 못하는 사람

미국 일간지 「유에스에이(USA)투데이」에 '당신의 이름이 당신의 행동을 결정한다.'는 이른바 '이름 효과'(Name-Letter Effect)에 대한 연구 결과가 보도되었다.

'이름 효과'로 요재프누틴에 의해 제시되었으나 본격적인 연구는 조지프 시몬스와 레프넬슨에 의하여 이루어졌다.

이름 효과는 무의식적으로 자기 이름과 유사한 문자를 가진 직업과 행동을 선택할 가능성이 높다는 이론이다.

이름은 평생토록 불리는 것으로 긍정적 이미지를 줄 수도 있고, 반대로 부정적인 이미지를 강화시킬 수도 있다.

우리 주변에도 '강도년', '방귀녀', '강창녀', '성낙태', '이시발', '현상범', '노숙자' 등과 같은 민망한 이름들이 있다.

하나님께서도 '아브람'을 '아브라함'으로, '사래'를 '사라'로, '야곱'을 '이스라엘'로 바꾸어 주셨다. '베드로'의 본명은 '시몬'이었으며, '사울'도 자신의 이름을 '바울'로 즐겨 사용했다. 우리 주변에는 좋은 이름을 가지고 있으면서도 이름값을 못하는 사람이 있는가 하면 자신의 이름에 대하여 가치를 부여하고, 자부심을 가지고, 이름값을 하는 사람들이 있다.

137. 있을 땐 귀한 줄 모른다 🍇

한 외과의사는 설암(舌癌) 진단을 받고 혀를 자르지 않으면 목숨을 잃을 수 있는 여인의 혀를 절단하는 가슴 아픈 수술을 할 수밖에 없었다. 의사는 그 여인에게 이제 혀를 자르고 나면 앞으로는 영영 말을 하지 못하게 되므로 하고 싶은 말이 있으면 지금 마지막으로 하라고 했다. 여인은 눈물이 고인 채 마지막으로 노래를 부르고 싶다고 했다. 그리고서는 "지금까지 지내온 것/ 주의 크신 은혜라/ 한이 없는 주의 사랑/ 어찌 이루 말하랴/ 자나 깨나 주의 손이/ 항상 살펴주시고/ 모든 일을 주안에서/ 형통하게 하시네"라는 찬송을 부른 후 "주님, 감사합니다. 혀가 있을 때 더 많이 찬양하고 감사하지 못한 것을 용서하여 주시옵소서."하고서 수술을 받았다.

건강할 때는 건강이 귀한 줄 모르다가 병이 들면 건강이 귀한 줄 알게 된다. 손이 있을 때는 고마운 줄 모르지만 손을 잃고 나면 손의 귀중함을 절감한다. 아내가 늘 집에 있을 때는 아내가 귀한 줄 모르다가 며칠 자리를 비우면 아내가 귀한 줄 알게 된다. 가까이 있으면 귀한 줄 모르다가 떨어져 있으면 귀한 줄 알게 된다. 흔하면 귀한 줄 모르다가 적어지면 귀한 줄 알게 된다.

'희소가치(scarcity value)'라는 말이 있다. 이는 인간의 물질적 욕구에 비하여 그것을 충족시켜 주는 물적 수단의 공급이 상대적으로 부족하여 그 가치나 가격이 상대적으로 높은 경우를 가리킨다. 배고플 때 먹는 자장면의 맛은 기가 막힌다. 하지만 한 그릇으로 부족하여 하나 더 시키면 맛이 덜하다. 자장면은 첫 번째가 가장 맛이 좋고 갈수록 맛이 떨어진다. 독일 경제학자 허만 고센(H. H. Gossen)은 이를 '한계효용체감의 법칙'이라고 했다. 세상에서 가장 귀한 '진리의 말씀'이 '질리는 말씀'이 되지 않도록 해야 한다.

138. 자기 감옥에서 벗어나라

심리학자 구스타프 칼 융(Gustav Carl Jung)은 인간은 자신은 모르는 사이에 다섯 가지 감옥에 갇혀 사는 경우가 많다고 했다. 첫째는 이기주의에 빠져서 자기만 챙기며 사는 '자기 사랑의 감옥'이다. 둘째는 쓸데없는 근심에 매여서 사는 '근심의 감옥'이다. 셋째는 과거에 매여 생각하고 말하고 행동하는 '과거의 감옥'이다. 넷째는 남을 부러워하면서 사는 '선망의 감옥'이다. 다섯째는 남을 증오하면서 불평하고 원망하며 사는 '증오의 감옥'이다.

많은 사람들이 자기만의 감옥에 갇혀서 자유와 행복을 상실한 채 '왜 나만 이런 고난을 겪느냐?'며 자신의 생애를 원망하며 자기 자신을 괴롭히며 살기도 한다. 사마리아 수가 성에 살던 한 여인은 어떤 이유가 있었는지는 알 수 없지만 여섯 번째 남편과 살고 있었기에 사람들의 손가락질을 받았다. 그 여인은 동네 사람들과 얼굴을 마주치기 싫어서 뜨거운 한낮에 물을 길러 우물을 찾았다. 또한 사마리아인 출신이었기에 심한 열등감으로 자기 감옥에 갇혀 있었다. 그런데 그 여인은 예수님을 만난 후 물동이를 버려두고 동네로 들어가 사람들을 예수님께로 데려왔으며 새로운 인생, 활기찬 인생을 살게 되었다.

"진리를 알지니 진리가 너희를 자유롭게 하리라"(요 8:32)고 한 대로 진리 되신 예수 그리스도를 알게 되었을 때 그녀는 자유를 누리게 되었다. 죄를 짓고 감옥에 갇히는 것은 불행한 일이다. 그러나 보이지 않는 감옥에 갇혀 사는 것도 불행한 일이다. 학교를 보이지 않는 감옥으로 여기는 학생이 있다. 집을 보이지 않는 감옥으로 여기는 주부도 있다. 직장을 보이지 않는 감옥으로 여기는 샐러리맨도 있다. 자기 감옥에 갇혀 있는 가난한 자, 포로된 자, 눈먼 자, 눌린 자도 예수님을 만나면 그곳에서 벗어날 수 있다.

139. 자기중심적 사고와 말씀 중심적 사고

2007년, 미국 로이 피어슨 행정판사는 세탁소를 운영하는 한 재미교포 부부가 자신이 맡긴 바지 한 벌을 잃어버렸다고 그 부부를 상대로 사기와 과실 그리고 부당이득 취득 혐의로 고소하고, 무려 6,500만 달러(약 715억 원)를 배상하라는 소송을 제기했다. 바지 피해액 1,500달러에 정신적 피해액, 고급인력의 소송 소요시간에 대한 배상비, 차가 없는 자신이 10년간 500번 이상 매주 다른 세탁소에 가는 데 필요한 렌터카 비용 등이었다. 그에게 있어서 이런 계산은 논리적일 뿐 아니라 합리적인 손해배상액으로 법적으로 정당한 일로 여겼을 것이다.

미국 전역에서는 피어슨에 대한 비난이 끊이지를 않았고, 정신감정을 받아야 한다는 주장과 함께 판사직을 박탈해야 한다고 하였는데 결국 해임되고 말았다. 그는 해임 결정에 불복하여 재심청구를 하였으나 그것도 기각되었다. 로이 피어슨처럼 생각하는 것을 '자기중심적 사고' 혹은 '로이 피어슨식 사고'라고 부르고 있다.

구약의 사울이나 신약에서 가룟 유다를 비롯한 실패한 많은 사람들이 '자기중심적 사고'에 빠져 있었다. 자기중심적 사고의 사람을 육에 속한 사람 또는 미성숙한 사람이라고 할 수 있다. 그러나 '말씀 중심적 사고의 사람'은 영에 속한 사람 또는 성숙한 사람이라고 할 수 있다. 우리 그리스도인들의 삶의 모델인 예수님은 '내 뜻대로 하지 마옵시고 아버지의 뜻대로 하옵소서'라고 하시면서 자신의 생각보다 하나님의 말씀을 우선했다. 실제 생활에서 자신의 생각과 하나님의 말씀이 충돌하는 일이 많다. 이때 그리스도인들은 자기중심적 사고에서 벗어나 하나님 중심적 사고 곧 말씀 중심적 사고로 행동해야 한다.

140. 잘 사는 사람과 못 사는 사람

흔히 부자를 잘 사는 사람이라 하고, 가난한 사람을 못 사는 사람이라고 한다. 그러나 부자라고 반드시 잘 사는 것이 아니고, 가난하다고 해서 잘못 사는 것이 아니다. 부자라도 추하게 사는 사람이 있고, 가난한 중에도 아름답게 사는 사람이 있다. 부자라도 짐승만도 못하게 사는 사람이 있고, 가난하나 성자처럼 사는 사람도 있다. 부자라고 해서 모두 잘 살지 못하는 것도 아니요, 가난하다고 해서 모두 잘 사는 것도 아니다. 부자도 잘 살 수 있고, 가난한 사람도 못 살 수 있다.

아브라함은 부자였으면서도 잘 산 사람들 중의 하나다. 그는 집에서 훈련시킨 사병 318명을 거느리고 있었다. 그들이 결혼했다면 636명이 되고, 자식을 평균 두 명만 두었다고 해도 1,272명이 된다. 이와 같이 많은 사람들을 먹이고 입히고 재웠다면 아브라함이 큰 부자였기 때문에 가능했을 것이다. 아브라함은 당시 엄청난 부자였음에도 '믿음의 조상'이라는 별명을 가졌으며, 예수 그리스도의 조상이 되었다. 아리마대 요셉도 산헤드린의 공회원이며, 부자였음에도 믿음의 사람으로서 예수님의 시신을 거두어 자신을 위해 준비한 묘실을 드려 장례를 잘 모셨다.

잘 사는 사람은 과연 누구일까? 예수 그리스도를 믿어 구원을 얻은 자이다. 아무리 부요하게 살았다고 해도 구원을 받지 못하면 무슨 소용이겠는가? 잘 사는 사람은 행복하게 산 사람이다. 식탁에 산해진미가 가득해도 불행하면 잘 산 것이 아니다. 비록 밥상에 채소만 있어도 행복하면 잘 사는 것이다. 잘 사는 사람은 자기 사명을 다한 후에 주님으로부터 착하고 충성된 종이라고 칭찬을 받는 자이다.

141. 저 사람만 없으면 살 것 같아

'저 사람만 없으면 살 것 같아.'라는 말을 들을 때가 있다. 숨 막히게 하는 '저 사람'은 다음과 같은 사람일 것이다. '제 멋대로 행동하는 사람', '감정이 앞서는 사람', '빈둥거리는 사람', '남을 배려할 줄 모르는 사람', '자존심이 강한 사람', '완고한 사람', '빈정대는 사람', '공격적인 사람', '결벽증이 있는 사람', '얌체 같은 사람', '매사에 부정적인 사람', '무뚝뚝한 사람' 등이다.

인간은 홀로 무인도에서 살지 않고 사람들과 더불어 살아가는 존재다. 혼자 살지 않는다면 위와 같은 사람들을 피할 수 없을 것이다. 우에니시 아키라는 그의 책 〈골치 아픈 상대를 다스리는 심리학〉에서 누구에게나 골치 아픈 사람들이 있다고 했다. 사람들마다 저마다 타고난 성격이 있다. 외모가 유사한 쌍둥이라도 성격은 다르다. 우리 성격은 칼처럼 양면성을 가지고 있기 때문에 어떻게 쓰느냐에 따라 결과가 달라진다. 재물도 잘 쓰면 칭찬의 도구가 되지만 나쁘게 사용하면 손가락질을 받기도 한다.

　　어느 시대든지, 어느 곳에서든지 이와 같은 골치 아픈 상대는 항상 존재한다. 골치 아픈 상대가 없던 때와 장소는 없었다. 남이 아니라 자기 자신이 다른 사람에게 이런 골치 아픈 상대가 될 수도 있다. 골치 아픈 상대가 없어지도록 기도하고, 기도한 대로 응답된다면 우리 자신도 먼저 없어질지 모른다. 모세에게도 골치 아픈 상대들(고라, 다단, 아비람)이 있었고, 다윗에게도 골치 아픈 상대들(골리앗, 압살롬, 요압)이 있었고, 예수님에게도 골치 아픈 상대들(가롯 유다, 바리새인, 사두개인)이 있었다. 그러므로 골치 아픈 상대를 없애 달라고 기도하고 힘쓰지 말고,

골치 아픈 상대를 극복할 수 있는 사람이 되도록 기도하고 노력해야 한다.

142. 기도한 대로 되면 축복(?),
기도한 대로 되지 않으면 저주(?)

기도한 대로 다 된다면 어떻게 될까? 미움이 가득한 사람이 자기가 싫어하는 사람들이 없어지기를 기도했는데 그대로 된다면 거리는 시체들로 가득할 것이다. 음란이 가득한 사람이 예쁜 여자들에 대한 욕망으로 기도했는데 그대로 된다면 길거리에 아버지가 누군지도 모르는 임산부들로 가득할 것이다. 탐심이 가득한 사람이 기도한 대로 된다면 다른 사람들이 땀 흘려 모은 재산이 한 순간에 몽땅 사라질 것이다. 아마 세상은 엉망진창이 되고 말 것이다.

성도들 중에도 기도한 대로 이루어지는 것이 축복인 줄 알고, 기도한 대로 되지 않으면 축복이 아닌 줄 아는 자들이 많다. 이스라엘 백성들은 "모든 나라와 같이 우리에게 왕을 세워 우리를 다스리게 하소서"(삼상 8:5)라고 구했다. 이에 하나님께서는 그들이 구한 대로 왕을 주었다. 이스라엘 백성들은 왕을 얻는 대신 천하의 왕이신 '만군의 여호와'를 잃어버렸다. 또한 그 왕은 그들로부터 많은 재산을 세금으로 징수하고, 그들의 아들을 전쟁터로 데려가고, 압제하고 약탈했을 때 그들은 후회했다.

반면에 바울은 하나님께 자신의 몸에 있는 가시(혹은 사탄의 사자)를 없애달라고 세 번씩이나 간절히 기도했지만 기도한 대로 되지 않았다. 그러나 바울은 이것 때문에 크고 놀라운 계시들을 받았음에도 자만하지 않게 되었고 오히려 은혜가 충만한 삶을 유지하고 온전해지는 축복을 누리게 되었다(고후 12:7-9). 그러므로 자신이 기도한 대로 되는 것이 축복이 아니라 주의 뜻대로 되는 것이 축복이다.

143. 평안은 축복(?), 고난은 저주(?)

착각은 '조선의 명의 허준도 못 고친다.'는 우스갯소리가 있다. 착각은 어떤 사물이나 사실을 실제와 다르게 잘못 느끼거나 지각하는 것을 말한다. 성도들의 신앙생활 중에도 착각하는 일이 종종 있다.

성도들에게 나타나는 가장 흔한 착각은 편안하면 하나님이 함께 하시는 줄로 알고, 고난이 오면 하나님이 함께 하지 않는 줄 아는 것이다.

사울은 잘생긴 외모와 신체적 조건이 탁월하여 고대 사회에서는 장수의 면모를 충분히 갖추었고(삼상 9:2), 하나님의 영이 임하여 선지자들 무리 가운데서 예언을 하고, 길을 걸어가다가 예언을 하는 은혜의 체험도 했다(삼상 10:10; 19:23). 그러나 그는 여호와의 영이 떠났음에도 불구하고 깨닫지 못했다. 이와 같이 종종 편안하면 주님이 떠나셔도 깨닫지 못하는 경우가 많다.

반면 믿음의 사람 다윗도 고난이 닥쳤을 때 '어찌하여

나를 버리고, 어찌 나를 멀리 하고 내 신음소리를 듣지 아니하느냐?'며 낙심했다. 이와 같이 고난이 닥치면 주님께서 함께 계셔도 함께 계신 줄 모르고 떠난 줄로 생각하고 낙심하는 경우도 많다. 그러므로 '평안'이 하나님께서 함께하시는 절대적 증거가 아니며, '고난'이 하나님께서 떠난 명확한 증거도 아니다. 그러므로 삶이 평안하다고 안심할 것이 아니며, 삶이 어렵다고 낙심하지 말아야 한다. 그러므로 우리 성도들은 '평안'과 '고난'에 초점을 맞추지 말고, '하나님이 함께 계신가?', '하나님이 함께 계시지 않는가?'에 초점을 맞추고 살아야 한다.

144. 착각은 허준도 못 고친다

'아줌마는 화장하면 모든 사람들의 눈에 다 예뻐 보이는 줄 안다.', '시어머니는 아들이 결혼하고도 부인보다 엄마를 먼저 챙기는 줄 안다.', '부모들은 자식들이 나이 들면 효도할 줄 안다.', '육군 병장은 자기가 세상에서 제일 높은 줄 안다.', '아가씨들은 절대 아줌마가 안 될 줄 안다.', '남자는 살림하는 여자들은 집에서 노는 줄 안다.' '목사들은 자기가 설교를 잘해서 교회가 성장하는 줄 안다.' 이와 같이 대부분의 사람들은 착각을 하면서 산다.

'착각은 자유' 혹은 '착각은 유통기한이 없다.'는 말이 나오기도 했다.

스웨덴 룬트대학교 라르스 할 교수 연구팀이 120명을 대상으로 2장의 여자 사진을 보여 주며 더 매력적으로 보이는 사진을 선택하게 했다. 잠시 후 연구팀은 피험자들에게 자신이 선택하지 않았던 다른 사진을 보여 주었다. 그들 중 80%의 피험자들은 사진이 바뀐 사실조차 알지 못했다. 더 흥미로운 것은 사진을 고른 이유를 묻자 '미소가 마음에 들었다.', '귀걸이가 마음에 들었다.'는 등의 이유를 늘어놓았다. 그러나 처음에 선택한 사진 속 여자는 미소를 짓지도 않았고, 귀걸이를 하지도 않았었다. 그들은 자신이 선택한 것을 증명하기 위하여 나름대로 그럴싸한 '변명'을 찾아낸 것이다.

이케가야 유지는 그의 책 〈착각하는 뇌〉에서 뇌도 착각을 한다고 했다. 그러나 예수님께서는 "아버지의 말씀은

진리니이다"(요 17:17)라고 했다. 오직 변치 않는 것은
하나님의 말씀밖에 없다.

145. 착시현상 🍇

여행자들의 필수 휴대품은 지도와 나침반이다. 지도가
있어도 나침반이 없으면 안 되고, 나침반도 지도가 없으
면 거의 쓸모가 없다.

여러 해 전에 제주도 인근 해상에서 응급 환자를 이송하
던 해양경찰 소속 AW-139 헬기가 지도도 있고, 나침반도
있었는데 바다로 추락했다. 그 원인은 야간 비행을 하던 조
종사들이 하늘과 바다를 일시적으로 구별하지 못하게 되
는 '착시현상'(錯視現象) 때문이었다고 한다. 비행기 조종
사들은 하늘을 비행하다가 바다 위를 비행할 경우에 하늘
색깔과 바다 색깔이 비슷해서 하늘과 바다가 구분이 안 된
다고 한다. 바로 이 착시현상을 일명 '버티고'(Vertigo)라
고 한다. '버티고' 현상은 지상에서 발생되는 경우는 거의

없고, 대부분 해상이나 야간에 주로 일어나는 현상이라고 한다. 그래서 조종사들은 감각을 믿지 말고 계기판을 보도록 하는 '계기 조종' 훈련을 강도 높게 받는다고 한다.

대부분의 사람들은 자신의 오감(시각, 청각, 후각, 미각, 촉각)을 지나치게 신뢰한다. 그래서 '착각'이라는 말이 있다. 착각은 때때로 어떤 사물이나 사실을 실제와 다르게 잘못 느끼거나 지각하는 것을 말한다. 그러므로 조종사들이 감각보다 계기판을 더 신뢰하는 것처럼 우리 성도들은 하나님의 말씀을 더 신뢰해야 한다. 세상은 변하고, 사람도 변하고, 가치관도 변한다. 그러나 하나님의 말씀은 영원토록 변하지 않는다. 그래서 다윗은 '주의 말씀은 내 발의 등이요 내 길의 빛이라'라고 하였다(시 119:105).

146. 천국에도 차별 대우가 있다(?)

우스운 이야기를 들은 적이 있다. 어떤 집사님이 천국에 들어갔을 때 예수님이 반갑게 맞아 주시더란다. 어떤 장로님이 천국에 갔을 때도 역시 반갑게 맞아 주었단다. 그런데 목사님이 천국에 들어갔을 때는 달려와 그를 포옹하며 더욱 반갑게 맞아 주었단다. 천사가 궁금해서 목사님은 세상에 있을 때도 대접을 잘 받았는데 천국에서도 그렇게 반갑게 대우하시는 이유가 무엇이냐고 물었다. 그랬더니 예수님이 집사, 장로는 천국에 많이 들어오는데 목사가 천국에 온 것은 이번이 처음이었기 때문이라고 했다고 한다.

또 비슷한 이야기도 있다. 한번은 집사님이 죽어 천국에 가게 되었는데 예수님이 보좌에서 벌떡 일어나 반갑게 그 집사님의 손을 잡으며 맞이했다. 장로님이 천국에 들어오자 역시 예수님은 매우 반갑게 그를 맞아 주었다. 그런데 어느 목사님이 천국에 들어오자 예수님은 보좌에서 일어나지도 않은 채 손을 내밀며 악수만 했다. 이것을 본 천사는 또 궁금하여 집사님, 장로님이 들어올 때는 벌떡 일어나 반갑게 맞아 주셨는데 왜 목사님이 천국에 올 때는 그렇게 하지 않으셨냐고 물었다. 이에 예수님께서 요즘 목사들은 얼마나 명예를 좋아하는지 자신이 보좌에서 일어나면 그 자리를 차지하고 앉을까 봐 그랬다고 한다.
유머 속에 교훈이 있고, 해학 속에 가르침이 있는 법이다. 예수님은 '주여, 주여' 하는 자가 천국에 들어가는 것이 아니라 하나님의 말씀대로 사는 자가 들어간다고 했다 (마 7:21).

147. 축복의 비결

흔히 날씬한 몸매를 유지하여 많은 사람들의 부러움을 사는 이들은 체지방 줄이고 근육량을 늘려서 살은 안찌고 몸매를 탄력 있게 만드는 몸짱 만드는 비결을 알고 있다. 자녀들을 성공시킨 부모들은 자녀교육의 비결을 알고 있다. 오래 건강하게 사는 사람들은 장수의 비결을 알고 있다. 날마다 깨소금을 볶으며 사는 사람들은 부부행복의 비결을 알고 있다.

개척 교회 시절 송구영신예배를 마치고 돌아가는 길에 '목사님의 생년월일이 어떻게 되느냐?'고 묻는 집사가 있었다. '올해엔 생일을 챙겨 주려나.'하는 마음에 '왜 그러냐?'고 물었더니 새해 목사님의 토정비결을 봐 드리려고 한단다. 성도들은 다른 비결은 몰라도 '토정비결'을 가까이 하면 안 된다. 교회를 다니면서도 '궁합'을 보고, 이사할 때 '손 없는 날'이 좋다며 날을 보는 이가 있다고 한다. 이는 양다리를 걸친 신앙생활이다.

로마서는 두 부분으로 나뉘는데 전반부(1-11장)는 예수 그리스도를 믿음으로 구원받음에 대하여 말하고, 후반부(12-16장)은 구원받은 성도의 생활에 대해 가르치고 있다. 구원받은 성도들은 이 세대를 본받지 말고 하나님의 뜻을 분별하고 그 뜻대로 살아야 한다고 가르치고 있다(롬 12:2).

축복을 받으려면 축복의 비결을 먼저 알아야 한다. '비결'은 남이 알지 못하는 자기만의 독특하고 효과적인 방법을 말한다. 성경에는 축복의 비결이 많이 담겨 있다. 그래서 성경을 읽는 자와 듣는 자와 지키는 자가 복이 있다고 했다. 하나님은 복을 주시는 분이다. 복을 주시는 분이 가르쳐 준 축복의 비결을 아는 자는 누구보다도 복된 자다. 축복을 받는 것도 중요하지만 그보다 더 중요한 것은 축복을 주신 목적을 알고 사용하는 것이다.

148. 탁월한 매의 사냥술

먹이를 찾는 매는 높이 날아올라서 하늘을 맴돌다가 지상에 있는 먹이를 발견하면 그것을 향하여 직진하지 않고 우선 아래로 수직 하강 하면서 가속도를 붙인 후에 먹이를 향하여 수평 방향으로 시속 320킬로미터로 날아가서 먹이를 낚아챈다. 만약 매가 먹이를 향하여 직진하여 잡으려 하면 엄청난 운동에너지로 인하여 지면과 충돌을 피할 수 없게 되어 죽음을 면할 수 없게 된다.

매는 수직 강하 비행 과정에서 지구의 중력 에너지를 자신의 비행 과정에 축적하여 자신의 비상 능력을 훨씬 능가하는 에너지를 축적함으로서 어마어마한 속도도 갖게 되는 것이다. 이렇게 축적된 막대한 에너지와 속도를 몸의 비행 방향을 수평 방향으로 변환하여 주므로서 에너지의 양의 손실이 없이 그대로 수평 비행 에너지와 속도로 변환시킬 수 있게 된다. 여기에서 수직 강하 과정은 에너지의 축적 과정이 되고, 수평 비행 과정은 에너지의 발산 과정이 되는 것이다. 이를 '우회축적'(Roundabout Accumulation)이라고 한다.

같은 중량의 폭탄이라 할지라도 이 우회축적의 원리로서 그 추진 에너지가 증대시킨다. 우회축적이란 말 그대로 '돌아서 갈 때의 힘의 비축'을 의미한다. 지름길로 빨리 간다고 해서 성공하는 것이 아니다. 오히려 돌아가므로 진정한 성공을 이룰 수 있다. 하나님께서는 이스라엘 백성들을 가나안 땅으로 지름길로 가도록 하지 않고 돌아가게 만들었다. 시간적으로는 늦었지만 오히려 그들을 낮추고 시험하여 마침내 복이 되게 했다(신 8:15-16).

149. 토인비의 메기의 법칙

아놀드 토인비는 〈역사의 연구〉에서 인류 역사는 '도전과 응전의 과정'이라고 했다. 외부의 도전에 잘 대응한 민족이나 문명은 살아남았지만 그렇지 못한 민족은 소멸했다는 것이다.

그는 이런 역사를 설명하기 위하여 다음과 같은 청어 이야기를 자주했다. 어부들은 성질이 급해서 물 밖으로 나오기만 하면 금방 죽는 청어를 런던까지 싱싱하게 운반할 수 없었다. 그러나 유독 한 어부는 늘 방금 잡은 듯 싱싱하게 펄떡이는 청어들로 넘쳐났다. 다른 어부들이 그 비결을 물었더니 그는 청어 속에 굶주린 메기를 몇 마리 집어넣으면 메기 녀석들이 청어를 쫓아다니기 때문에 청어들이 죽기 살기로 발버둥을 치며 도망하니까 싱싱하게 된다고 했다.

토끼와 사슴을 보호하기 위해 천적을 모두 없애면 오히려 병이 생긴다. 그 병은 환경이 너무 좋아서 생기는 '환경병'이다. 그러나 천적이 있으면 달아나면서 다리 근육이 발달하고, 건강하고, 털의 윤기가 뛰어나게 된다.

'메기'가 없는 삶이 결코 편안한 삶일지는 몰라도 바람직한 삶은 아닐 수도 있다. '메기'가 없는 삶은 오히려 배 밑창에서 썩는 청어 같은 존재가 되기 쉽다. 당신을 괴롭히는 이 '메기'는 당신을 살아있게 하고, 발전시키며, 성공시키기 위한 선물일지도 모른다. 갈등이 있음을 받아들여야 한다. 그리고 피할 수 없을 때는 즐기는 법을 배워야 한다.

150. 파리(fly)학 전공

유영만의 〈생각지도 못한 생각지도〉에 재미있는 글이 있어서 소개하고자 한다.

파리학과를 졸업하면 파리학사가 된다. 파리학을 전공하면 파리학 개론을 배우는데 '파리 앞다리론', '파리 뒷다리론', '파리 몸통론' 등의 각론들을 배운 후 졸업하면 파리학사가 된다. 파리학과를 졸업하면 '이제 파리에 대해 모든 것을 알 것 같다.'고 한다.

조금 더 공부하기 위하여 파리학과 대학원 석사과정에 입학한다. 석사는 파리 전체를 연구하면 절대로 졸업할 수 없기에 '파리 뒷다리'를 전공한다. 파리 뒷다리의 관절 등을 연구하여 석사학위를 받으면 '이제 무엇을 모르는지 알 것 같다.'고 한다.

조금 더 공부하기 위하여 파리학과 대학원 박사과정에 입학한다. 박사과정에 있는 사람은 파리 뒷다리를 통째로 연구해서는 박사학위를 받을 수 없다. 그래서 다리 중에서 '파리의 발톱'을 전공한다. 파리 발톱의 성분 혹은 파리 발톱의 성장 등을 연구해서 박사학위를 받으면 '나만 모르는 줄 알았는데 남들도 모르고 있네.'라고 한다.

하지만 파리학과 교수가 되려면 이보다 더 세분화된 전공을 해야 한다. 파리를 통째로 전공한 파리학과 학사, 파리의 뒷다리를 전공한 파리학과 석사, 파리의 발톱을 전공한 파리학과 박사, 교수는 '파리의 뒷다리 발톱에 낀 때'를 전공해야 한다. '발톱의 누런 때', '발톱의 까만 때', '발톱의 때의 생성 기간'을 전공하게 된다. 이때쯤 되면 '어차피 모르는데 끝까지 우겨야겠다.'고 한다.

'서당 개 삼 년이면 풍월을 읊는다.'는 속담처럼 교회생활 3년 정도 되면 모든 것을 다 아는 것 같이 생각하고 말하는 사람이 많다. 그러나 시간이 지날수록 아는 것보다는 모르는 것이 많음을 깨닫고 겸손하게 머리를 숙이게 된다. 더욱 겸손하라. 때가 되면 하나님께서 높여 주신다 (벧전 5:6).

151. 피아노 유죄 🍇

미국에 있는 어느 교회에서 있었던 일이다. 목사님이 그 교회에 새로 부임하여 보니 피아노가 한쪽 구석에 놓여 있어 성도들이나 성가대와 잘 맞지 않을 뿐만 아니라 피아노 소리의 전달에도 문제가 있었다. 그래서 목사님은 피아노를 적절한 곳으로 옮기자는 제안을 하였으나 찬성하는 사람이 없었다. 지금까지 그곳에 놓고도 별일 없었다며 반대를 한 것이다. 목사님은 혼자 그 피아노를 옮겨 놓은 후 그 교회에서 쫓겨나게 되었다.

수년이 지난 후 우연히 그 교회를 방문하게 되었는데 피아노가 옮겨져 있는 것이 아닌가. 그리고 피아노가 옮겨져 있는데도 후임으로 온 목사님은 쫓겨나지도 않고 계속 목회를 잘 하고 있었다. 자신은 피아노를 옮겨 놓은 것 때문에 쫓겨났는데 지금 목사님은 피아노를 옮겨 놓고도 목회를 잘 하는 것이 궁금하여 물었더니, "예, 저도 처음 이곳에 오니까 피아노가 잘못 놓여 있더라구요. 그래서 피아노의 위치를 바꾸자고 했더니 모두 반대하는 거예요. 그래서 저와 제 아내는 6개월 동안 매일 밤 피아노를 조금씩 옮겨 이 자리에 갖다 놓았어요. 그런데 교인들은 피아노가 이쪽으로 옮겨 온 줄도 모르더라구요."

　변화는 힘든 일이며, 개혁은 더욱 어려운 일이다. 마음의 변화가 먼저 일어나야 한다. 의식의 변화가 선결되어야 한다. 가치관의 변화가 선행되어야 한다. 옛 사람이 새 사람으로 변화하고, 나 중심적인 삶이 주 중심적인 삶으로 변화되어야 한다. 이러한 변화는 예수 그리스도를 나의 삶의 주인으로 모실 때 가능해진다. 누구든지 그리스도 안에 있으면 새로운 피조물(new creature)이 될 수 있다(고후5:17).

152. 항아리 안 개구리

　소견이 좁고 고루하여 자기가 아는 게 옳은 양 편견에 사로잡혀 있는 사람들 가리키는 '정중지와'(井中之蛙) 곧 '우물 안 개구리'라고 하는데 〈장자〉의 '추수편'에 나오는 말이다.

우리나라 제주도에서는 빗물을 모으기 위하여 땋은 머리 모양의 짚을 나무에 매달고 그 밑에 항아리를 두어 물을 받았다. 짚을 머리 모양으로 땋은 이유는 물이 나무에서 짚으로 흐르면서 불순물을 정화하기 위함이었다. 항아리에 모인 물에 벌레가 생기고 부패하기에 그 안에 개구리를 넣어 두었다. 개구리가 헤엄쳐 다니므로 썩는 것을 방지하고 그 안에 생긴 벌레를 잡아먹도록 하기 위함이었다.

항아리 안에 있는 개구리는 그 수가 적어도 그 소리가 매우 시끄러워서 주변 사람들을 불편하게 만들었다. 그래도 그들은 얻는 것이 더 많기에 개구리를 항아리에 넣어 두었던 것이다.

양을 키우는 목장에는 양들 중에 염소들도 있다. 염소가 양을 괴롭히고 힘들게 하지만 그렇게 하면 양들이 새끼를 더 잘 낳고, 털의 윤기가 더 좋아지고, 더 건강하고, 생존율이 더 높아진다고 한다. 목자들은 염소의 괴롭힘보다 유익이 더 크기에 염소를 양우리에 넣고, 우리 선조들은 개구리의 시끄러운 소리보다 유익이 더 크기에 개구리를 항아리 속에 넣어 두었다. 하물며 하나님께서 우리들의 삶의 현장에 염소(?) 혹은 개구리(?)를 두시는 것도 유익이 더 크기 때문에 허락하시는 것이다.

염소나 개구리를 없애 달라고 하지 말고 그것으로 합력하여 축복하심을 믿고 감사하며 승리하도록 기도해야 한다.

153. 화를 잘 내는 사람

어느 마을에 화를 잘 내는 사람이 살고 있었다. 그는 작고 사소한 일에도 화를 잘 내기 때문에 하루가 멀다하고 이웃과 입씨름을 하거나 주먹질을 하고 집안 살림도 남아나는 것이 별로 없었다. 이웃 사람들은 그를 점점 피하게 되자 그는 외톨이가 되었다. 그는 왜 자신이 사람들과 다투는가를 곰곰이 생각해 보니 결론은 다른 사람들이 자신의 기분을 상하게 만드는 것이었다.

그는 사람들이 없는 곳으로 가서 살기로 하고서 산속으로 들어갔다. 그는 모든 것을 혼자 해결해야 했다. 계곡으로 내려가 물을 길어 오다가 돌부리에 걸려 넘어져 물을 모두 쏟고 말았다. 다시 물을 길어 오다가 또 넘어져 물이 쏟아졌다. 화가 난 그는 고래고래 소리를 지르며 물통을 집어던지자 박살났다.

전문가들은 분노는 휘발유를 끼얹는 것과 같다고 한다. 쉽게 분노하는 사람들은 대부분 자신들은 뒤끝이 없다고 한다. 하지만 작은 불씨라도 휘발유를 부으면 어떻게 되는가? 또한 분노는 폭탄과 같다고 한다. 꽝하고 터지면 끝인 것 같지만 그 파편으로 인하여 많은 사상자가 생겨난다. 더 나아가 분노는 독약과 같다고 한다. 분노는 단번에 죽이기도 하지만 서서히 죽게 한다. 자신을 죽이고 주변에 있는 사람들을 죽이는 독약이다.

분노를 다스리지 못한 가인의 보라. 자기 동생 아벨을 잔인하게 때려 죽였다. 모세는 자기 동족이 억울한 일을 당하는 것을 보고 참지 못하여 사람을 쳐서 죽였다. 삼손은 힘이 셌지만 분노함으로 쓸데없이 사람들을 많이 죽였다.

분노는 기독교 역사 가운데 경건한 사람들의 경건을 해

치는 7가지 큰 죄(교만, 시기, 탐욕, 탐식, 분노, 정욕, 나태) 중 하나였다. 하나님의 의를 이루지 못하게 하는 분노를 이겨야 한다(약 1:20).

154. 화산

1792년 일본의 '운젠' 화산 폭발로 1만 5,000명의 사망자가 발생했고, 1815년 이탈리아의 '탐보라' 화산 폭발로 9만 2,000명의 사망자가 발생했다. 1985년 콜롬비아 '델 루이츠' 화산 폭발로 2만 5,000명의 사망자가 발생했고, 1993년 인도네시아의 '크라카타우라' 화산 폭발로 3만 6,000명의 사망자가 발생했다.

화산폭발은 땅속의 마그마의 분출로 인한 피해와 함께 나오는 이산화탄소, 일산화탄소, 이산화황, 황화수소와 같은 가스로 인한 피해와 산성비와 산사태와 해일 등으로 대규모의 피해가 발생한다. 화산 활동의 유형에 따라 화산은 사화산, 활화산, 휴화산으로 분류한다. 먼저 사화산은 이제 활동을 더 이상 하지 않는 죽은 화산이다. 활화산은 과거뿐 아니라 지금도 활동을 계속하는 화산으로 위험하다. 휴화산은 예전에는 분화하였으나 지금은 분화하지 않고 있는 화산으로서 지금은 분화를 멈췄지만 다시 화산 활동을 시작할 수 있어 위험성이 있다.

교회 안에는 사화산 같은 신자가 있다. 이 사람은 바울처럼 자신을 십자가에 못 박아 죽이고 자기 안에 있는 예수 그리스도로 사는 자이다. 활화산 같은 신자도 있다. 이 사람은 헤롯처럼 시시때때로 폭발하여 주변 사람들에게 피해를 입히는 위험한 자다. 뒤끝이 없다고 말하지만 주변 사람들이 피해를 입는다. 휴화산 같은 신자도 있다. 자기 동족이 괴롭힘 당함을 보고서 분노하여 사람을 죽인 모세와 같이 예기치 않게 폭발할 위험성 있는 자다.

한 알의 밀이 땅에 떨어져 죽으면 많은 열매를 맺는다 (요 12:24). 한 알의 밀이 땅에 떨어져 죽으면 보통 100-125알을 맺는다. 5년 후면 100-125억 알을 맺게 되고, 이것은 200명이 34년 동안 먹을 수 있는 양식이라고 한다. 이것이 바로 생명의 법칙이요, 진리의 말씀이다.

155. 반드시 봄은 온다 🍇

〈지선아 사랑해〉의 저자 이지선 씨는 교통사고로 전신의 55%가 3도 화상을 입었다. 입 주변의 화상으로 입을 제대로 다물 수가 없게 되었으며, 발음이 제대로 되지 않아서 '오빠'를 '오까'라고 불렀고, 눈은 깜박이는 것조차 힘들었다고 한다. 손가락은 끝이 타서 왼쪽 엄지손가락을 제외하고, 나머지 손가락의 한 마디씩을 전부 잘라 내야 했으며, 목 주변이 타서 피부가 당겨져서 구부정한 자세로 되었다고 한다. 그러나 그는 사고로 인해 자신의 인생이 완전하게 변했다고 한다. 지금 그는 믿음으로 많은 사람들에게 희망과 용기를 전하고 있다. 사고로 인해 더 소중한 것을 얻었기에 사고 이전으로 돌아가고 싶지 않다고 말한다.

사무엘 스마일즈(Samuel Smiles)는 우리 인생의 가장 큰 조력자는 다름 아닌 역경이라고 했다. 가장 위대한 풍경화가 중 한 사람인 터너(Turner)는 이발사 출신이었다. 인도 선교의 아버지로 불리는 윌리엄 케리(William Carey)는 제화공 출신이었으며, 독일 천문학자 케플러는 술집 주인의 아들로 태어나 자신도 술집에서 사환으로 일했다. "내가 가는 길을 그가 아시나니 그가 나를 단련하신 후에는 내가 순금 같이 되어 나오리라"(욥 23:10)는 욥의 고백처럼 용광로를 통과하면 불순물은 제거되고 순금이 된다. 다윗도 수없는 고난을 겪었지만 그것들을 되돌아볼 때 고난당한 것이 자신에게 유익이 되었다고 간증했다(시 119:71). 어두운 밤만 계속되지 않는다. 반드시 밝은 아침이 온다. 추운 겨울만 계속되지 않는다. 반드시 봄이 오게 된다.

156. 보리밟기

어렸을 때 시골에서는 겨울에 보리밟기를 했다. 보리밟기는 가을부터 겨울 동안 밭에서 자라고 있는 여리고 작은 보리를 발로 밟아 주는 것을 말한다. 보리를 발로 밟아 주면 뿌리가 땅 속 깊은 곳까지 파고들어 더 많은 수분을 흡수할 수 있다. 서릿발 때문에 토양 사이의 공간이 넓어지고 보리의 뿌리가 위로 들린 상태로 있게 된다. 이렇게 하지 않으면 겨울을 나야 하는 보리는 수분과 영양분을 제대로 공급받지 못해서 죽을 수도 있다. 이때 보리를 밟아 주어 공간을 줄여 보리의 뿌리가 얼거나 말라죽지 않도록 해야 한다.

보리밟기를 하기 전에는 약 80개 정도의 이삭이 달리지만 밟아 주면 약 5배 정도 더 많이 맺힌다고 한다. 보리밭 밟기는 뿌리의 수를 증가시켜 추위와 가뭄에 견디는 힘이 강해지고, 이삭이 많아지고, 넘어짐을 방지하는 효과가 있다고 한다. 그래서 우리말 속담에 '보리밭에 상여 지나가면 풍작이다.' '가을보리 밟아 주면 술이 석 잔이다.'라고 했다.

다윗은 '주의 손이 나를 누르셨다.'(시 32:4, 38:2)고 했으며, 그는 자기 영혼이 눌림으로 인하여 녹았다고 했다(시 119:28). 눌림을 당하면 땅바닥까지 낮추어지고, 자존심이 상하고, 체면이 뭉개지고, 숨을 제대로 쉴 수 없게 된다. 그럼에도 다윗은 훗날에 고난을 당하기 전에는 그릇되게 살았지만 고난당한 후에는 말씀을 지키게 되었다고 고백하면서 고난이 자기에게 유익이 되었다고 했다(시 119:71).

157. 언어를 보면 건강이 보인다 🍇

의학자들은 우리 몸의 세포에는 유전자인 DNA와 면역 체계인 T림프구가 있다고 한다. T림프구 속에는 암세포를 죽이는 면역 물질이 나오는데 T림프구는 생각의 지배를 받는다고 한다. 이것은 오늘날 현대 의학자들의 연구 결과이지만 이미 성경에서 솔로몬을 통하여 마음의 즐거움은 양약이라도 심령의 근심은 뼈를 마르게 한다고 했다 (잠 17:22).

행복하고 긍정적인 생각을 하면 T림프구는 활발하게 움직여 암세포를 죽이지만 부정적인 생각(시기, 분쟁, 원망, 불평, 좌절 등)을 하면 T림프구가 변이되어 암세포나 병균을 죽이는 대신 자기 몸을 공격하여 병에 걸리게 한다고 한다. 마음에 기쁨과 감격이 생기면 우리 몸에서는 '엔돌핀'과 '도파민'이 나오는데 특히 도파민은 류머티스 관절염의 치료제로 쓰인다. '옥시토신'도 나오는데 이는 우울증 치료제로 쓰인다. 그러므로 설교를 듣고 은혜를 받을 때 엔돌핀과 도파민과 옥시토신 등이 나와 병이 치유되는 일이 많이 일어나는 것이다.

질병은 어두운 마음에서 생기는데 그 해결의 방법은 어두운 마음을 밝은 마음으로 바꾸는 것이다. 그 해법은 '빛 되신 예수 그리스도'다. 세상의 어두움은 태양 빛으로 밝힐 수 있지만 심령의 어두움은 그리스도의 빛 외에는 쫓아내지 못한다. 그리스도가 마음에 주인이 되시면 생각이 달라지고, 생각이 달라지면 언어가 달라지고, 언어가 달라지면 행동이 달라진다. 축복하는 언어는 건강을 가져다주고, 부정적인 언어는 질병을 가져다준다. 당신의 언어는 어느 쪽인가?

158. 벤치 워머 신자

스포츠에서는 주전 선수와 후보 선수가 있다. 주전 선수는 경기에 직접 출전하는 선수를 말한다. 반면에 후보 선수는 대기석에 앉아 감독의 지시에 따라 자신의 출전을 기다리는 선수를 말한다. 스포츠에서 후보 선수는 주전 경쟁에서 밀리지 않기 위해 피나는 노력을 한다. 언제든지 부름받기를 갈망하며, 때를 기다리며 대기한다. 스포츠에서 '벤치 워머'라는 말이 있는데 이는 후보 선수를 가리키는 말이다. 후보 선수가 의자에 앉아 있으므로 차가운 의자가 후보 선수의 엉덩이에 의해 데워진다는 데서 유래되었다.

어느 야구감독은 벤치 워머들은 말로는 야구 도사인데 실전에 약하다고 했다. 또한 주전 선수와 벤치 워머들의 운동량은 상당한 차이가 나고, 주전 선수들은 경기 감각과 운동능력, 판단력 등에서 벤치 워머들과는 상대가 안 된다고 했다. 대부분의 스포츠 분야에 '벤치 워머'가 있다.

파레토의 법칙(80:20)으로 유명한 경제학자 파레토에 의하면 개미들이 부지런한 것 같지만 20%의 개미가 80%의 개미가 하는 일을 하기 때문에 80%는 벤치 워머 개미들이다. 교회 안에서도 '벤치 워머'가 존재한다.

어떤 크리스천 사회학자는 오늘날 교회를 다니는 사람의 95%는 벤치 워머라고 했다. 그의 주장이 조금 과장된 것 같지만 교회 안에는 자진해서 벤치 워머가 되려는 사람들도 많다. 그들은 교회에 나와 의자를 따뜻하게 하는 것(출석)을 교회에 큰 기여를 하는 것으로 여긴다. 그러나 하나님은 우리의 몸을 산 제물로 드리기를 원하신다(롬 12:1-2).

159. 무를 뽑자

'전봇대로 막힌 대불산단 도로 뻥 뚫렸다'(2009년 2월 3일)는 기사가 보도된 적이 있다. 목포 대불공단에 있는 전봇대 때문에 대형트럭이 커브를 틀기 어려워서 큰 지장을 초래하고 엄청난 물류비용이 발생했다. 그러나 산업통상자원부와 목포시가 서로 책임을 안 지려고 해서 전봇대를 뽑지 못했는데 대통령 당선자의 말 한마디로 전봇대를 뽑았다. 전봇대를 뽑고 회전식 신호기를 설치하자 대형 트랜스포터가 교차로에서 정지 없이 그대로 통과할 수 있게 되었다. 대형 트랜스포터가 통과하기 위해서 신호등을 모두 분해하고 크레인으로 재조립하는 작업을 할 필요가 없게 되어 경제적 효과와 이동시간의 단축과 차량 대기오

염을 최소화시키는 효과를 거두게 되었다.

어렸을 때 시골에서는 특별한 간식이나 음료가 별로 없었다. 들에서 일하다가 목이 마르면 무밭에 가서 푸른 부분이 많은 것을 골라 무청을 움켜잡고 잡아당기면 무가 쑤욱 뽑힌다. 뽑혀진 무를 밭두렁의 풀에 쓱쓱 닦아 껍데기를 손톱으로 돌려 깎아 크게 한입 베어 물면 목마름도 해결하고 배도 불쑥 나온다. 무는 당시에 좋은 간식이며, 음료였다.

밭에 있는 무만 뽑는 것이 아니라 생각 속에 있는 '무'를 뽑아야 한다. '무책임'에서 '무'를 뽑아내고 책임을 질 줄 알아야 한다. '무관심'에서 '무'를 뽑아내고 관심을 기울여야 한다. '무감동'에서 '무'를 뽑아내고 기뻐할 때 기뻐하고, 슬플 때 슬퍼해야 한다. '무기력'에서 '무'를 뽑아내고 활력이 넘치게 해야 한다. '무예의'에서 '무'를 뽑아내고 예절 바른 생활을 해야 한다. '무사명'에서 '무'를 뽑아내고 사명을 따라 충성해야 한다. 뽑아야 할 '무'를 뽑으면 건강한 공동체가 되지만 뽑지 않으면 공동체가 병들게 된다.

160. 둥지 부수기

　스티브 브라운(Steve Brown)은 푸에르토리코의 한 호텔에서 발생한 화재 현장을 뉴스를 통하여 보게 되었다. 그는 투숙객들이 화재 현장에서 탈출하려고 비명을 지르며 구조대의 밧줄에 매달려 있는 광경을 보면서 '저 밧줄이 끊어지면 어떡하나?' 하는 몹시 안타까운 마음을 가졌다.

　그 이후에 그는 〈당신의 끝은 하나님의 시작입니다(When Your Rope Breaks)〉라는 책을 썼다. 그는 그의 책에서 엄마 새 이야기를 하고 있다. 어떤 엄마 새가 둥지를 만들고 그 둥지에 알을 낳고, 태어난 새끼에게 먹이를 열심히 물어다가 먹인다. 엄마 새는 자기 새끼들을 둥지에서 내보낼 때가 되면 새끼들이 있는 둥지를 허물어뜨리기 시작한다. 이때 엄마의 행동을 이해할 수 없는 새끼들이 "엄마, 지금 뭐하는 거야!" "도대체 왜 그러는 거야?" "엄마, 지금 제 정신이야. 미쳤어?" "날 사랑하지 않는 거야?"라고 소리친다. 그래도 엄마 새는 아랑곳하지 않고 둥지를 허물어뜨린다. 결국 허물어진 둥지에서 떨어지던 새끼 새들은 날갯짓을 하며 공중을 훨훨 날게 된다. 그 때 엄마 새는 자기 새끼들을 향하여 "너희들을 날게 하려고 둥지를 부수었던 거야."라고 말해 주었다.

하나님은 야곱이 세겜을 떠나지 않고 있을 때 세겜 사건을 통해 세겜 둥지를 부수셔서 벧엘로 올라가게 했다. 요나는 니느웨로 가라는 하나님의 명령을 거부하고 다시스로 도망했다. 그러나 하나님께서는 요나의 둥지를 부수셔서 니느웨로 가게 만들었다. 초대 예루살렘 교회는 날마다 구원받는 무리가 더해져 큰 부흥이 일어났다. 그러나 하나님은 그들이 온 유대와 사마리아와 땅 끝까지 가라는 명령을 잊고 예루살렘의 둥지에 머물러 있을 때 "예루살렘에 있는 교회에 큰 박해가 있어 사도 외에는 다 유대와 사마리아 모든 땅으로 흩어지니라"(행 8:1)고 한 대로 둥지를 부수셔서 그들이 땅 끝을 향해 나아가게 했다.

161.가나안 신자 🍇

'안나가'를 거꾸로 읽으면 '가나안'이다. 교회에 안 나가는 신앙인을 가리켜 '가나안 신자'라는 신조어가 탄생했다. 이 용어는 과거에는 교회에 다녔지만 교회 지도자들이나 교인들의 도덕적 결함이나 신앙의 이중성 등 교회의 여러 가지 문제로 실족하여 현재 교회에 소속되지 않고 출석하지 않는 교인을 일컫는 말이다. 서구에선 이런 사람들을 '소속 없는 신앙 (believing without belonging)' 또는 '교회 없는 기독인(unchurched christian)'이라 부른다.

미국의 리서치 기관인 바나 그룹에서 발표한 자료 (2014년)에 의하면, 미국인 49%가 교회에 나가지 않고 있다고 한다. 교회에 안 나가는 미국인 가나안 교인의 비율은 1990년대에 비해 2배 이상 늘어난 것으로 나타났다. 이와 같은 통계를 감안할 때 서구 교회의 가나안 교인들이 점점 증가될 것으로 보인다.

어느 통계에 의하면 한국 교회의 가나안 신자가 약

20%에 이르는 것으로 나타났다. 이 통계에 따르면 약 200만 명이 가나안 신자인 셈이다. 서구 교회의 통계를 볼 때 우리 한국 교회의 '가나안 신자'도 증가할 것으로 예상된다. 조사에 의하면 '가나안 신자'들은 속된 말로 교회에 다닐 당시 '날라리 신자'들이 아니었던 것으로 밝혀졌다. 교회를 다닌 기간은 평균 14.2년으로 비교적 길었고, 교회 활동 참여도는 90.3%의 긍정율(어느 정도: 53.4%, 매우 적극적: 36.9%)을 보일 정도로 적극적이었다. 또한 교회를 옮긴 적이 없거나 한 번 옮긴 사람이 무려 70.7%로 여기저기 교회를 떠돌아다니지 않고 잘 정착해서 신앙생활을 한 것으로 드러났다. 가나안 신자가 된 가장 큰 요인은 목회자와 교인들에 대한 불만이 43.4%로 가장 높았다. 사람들에게 받는 상처가 그들을 공동체 밖으로 나가게 했다. 가나안 신자 3명 중 2명은 다시 교회에 나갈 의향이 있다고 응답했다. 그러므로 그들이 다시 돌아올 수 있는 환경을 마련해야 한다.

40년 목회 단상

목회는 사랑입니다

2020년 6월 25일 초판 1쇄 인쇄

지은이 | 이흥배
펴낸이 | 황성연
펴낸곳 | 글샘출판사

주소 | 서울특별시 중랑구 망우로 192(상봉동) 성신빌딩
등록번호 | 제 8-0856
총판 | 하늘물류센타 전화
전화 | 031-947-7777
팩스 | 0505-365-0691

북디자인 | 최수정

ISBN : 979-89-91358-55-2 (03230)